Altmühlfränkisches Mosaik

Gesehen von Leif Geiges
Beschrieben von Adolf Lang

Unter Mitarbeit von Friedrich Eigler
und Harald Koschik

Verlag Karl Schillinger, Freiburg im Breisgau

Wir danken den
Vereinigten Sparkassen Weißenburg,
Vereinigten Sparkassen Gunzenhausen
und dem Landkreis Weißenburg-Gunzenhausen
für die gewährte Unterstützung

Weiter danken wir
der Bayerischen Verwaltung der Staatlichen Schlösser, Gärten und Seen,
dem Bayerischen Nationalmuseum München,
der Prähistorischen Staatssammlung München,
dem Bayerischen Landesamt für Denkmalpflege, Abt. Vor- und Frühgeschichte,
Außenstelle Nürnberg,
den weiteren Museen und Privatsammlungen
und allen, die beim Zustandekommen dieses Buches beteiligt waren.

Alle Rechte beim Verlag Karl Schillinger, Freiburg i. Br.
Aufnahmen, Dokumentation und Umschlaggestaltung: Leif Geiges, Staufen/Brsg.
Redaktion: Adolf Lang, Ansbach.
Ergänzende Texte: Dr. Friedrich Eigler, Weißenburg und Dr. Harald Koschik, Nürnberg
Ergänzende Aufnahmen: Bayer. Landesamt f. Denkmalpflege, Ur- u. Frühgeschichte –
Außenstelle Nürnberg (S. 171 u. 321), Walter Brabetz, Gunzenhausen (S. 32), Foto-
Braun, Gunzenhausen (S. 22, 37, 42), Luftbild-Brugger, Stuttgart (S. 112, 113), Dr. F. Eig-
ler (S. 325, 326), Josef Mang, Weißenburg (S. 77, 171 unten, 219, 289, 300), Richard F.J.
Mayer, München (S. 347), Foto-Munique, Weißenburg (S. 285), Werner Spoerl, Gunzen-
hausen: (S. 18 links, 186 unten), Stadtarchiv Würzburg (S. 350), Dr. K.F. Zink, Gunzenhausen (S. 225 unten)

Die Luftbilder sind durch die Regierung von Mittelfranken freigegeben: Umschlag u. S.
77: Spielberg P 3571/19, S. 174: Gelber Berg P 3571/43, S. 219: Sandsee P 3571/24, S.
289: Thermen P 3571/22, S. 300: Wülzburg P 3571/50, S. 325: Heuberg P 3536/525, S.
326: Göhren P 3536/637, S. 326: Neudorf P 3536/538.
1. Auflage 1982 – ISBN 3-921340-72-1
Gesamtherstellung: Druckerei Karl Schillinger, Freiburg i. Br.

Für jeden von uns gibt es ein Fleckchen Erde, das wir Heimat nennen, den Landstrich, in dem wir geboren sind, leben und uns heimisch fühlen. Meine Heimat ist Altmühlfranken. Diesen Namen findet man auf keiner Karte. »Altmühlfranken« ist ein kulturgeographischer Begriff, den Ernst Eichhorn erstmals zur Diskussion gestellt hat.

Der Name »Altmühlfranken« meint eine Kulturlandschaft zwischen Ansbach und Eichstätt. Sie liegt in einer Randzone, die durch den Verlauf der Altmühl und des Limes gekennzeichnet ist. Zweimal kreuzt der Limes – bei Gunzenhausen und bei Kipfenberg – den Fluß, sodaß der nördlichste Teil der römischen Provinz Rätien fast wie ein Kreissegment der Altmühl nordöstlich vorgelagert ist. Der Limes ist militärisch gesicherte Grenze; das Land entlang der Grenze ist Umschlagzone für Handelsgüter und geistige Impulse. Hier bauen die Römer Einrichtungen der Daseinsvorsorge aus, deren Überreste sich noch als Nährboden und als Anknüpfungsbereich für die weitere Entwicklung erweisen sollen.

Genau in diesem Landstrich nämlich gründet ein halbes Jahrtausend nach dem Abzug der Römer, und nachdem Alamannen und Franken hier siedeln, der Angelsachse Bonifatius das Bistum Eichstätt und unterstellt es dem Erzbischof von Mainz. Mönche aus seinem Gefolge errichten Klöster, in deren Kirchen sich bedeutende Phasen der mittelalterlichen Baukunst widerspiegeln. Karl der Große unternimmt den Versuch, die Altmühl und die Schwäbische Rezat und damit die Donau und den Main durch einen schiffbaren Kanal zu verbinden.

Viele Kräfte sind es noch, die in der Folgezeit in dieser Landschaft wirken: die Grafengeschlechter von Pappenheim, Oettingen-Spielberg und Truhendingen, die den Staufern eng verbunden sind, und die Bischöfe von Eichstätt, die Minnesänger Wolfram von Eschenbach und der Tannhäuser, die freie Reichsstadt Weißenburg und Nürnberger Patrizier, der Deutsche Orden mit der Ballei Franken in Ellingen und die Markgrafen von Brandenburg-Ansbach, Rittergeschlechter und Bauern. Künstler und Handwerker aus Franken, Bayern und Schwaben, aber auch aus Oberitalien, Graubünden und den Niederlanden, aus Frankreich und aus Wien formen eine Kulturlandschaft, die wir mit »Altmühlfranken« umschreiben. Es dürfte nur wenige Landstriche geben, in denen die Zeugnisse ununterbrochener Besiedlung und künstlerischen Schaffens so dicht gedrängt auf uns überkommen sind.

Die drei Stämme Franken, Schwaben und Baiern berühren und überlagern sich in diesem Gebiet, geben ihm seine bunte Vielfalt und bestimmen Hausform und Mundart. Der Kulturraum »Altmühlfranken« umschließt den Landkreis Weißenburg-Gunzenhausen und Teile der angrenzenden Landkreise Ansbach, Donau-Ries, Eichstätt und Roth. Der vorliegende Band stellt mosaikartig den Kernbereich »Altmühlfrankens«, das Gebiet des Landkreises Weißenburg-Gunzenhausen und den Teil des Landkreises Ansbach, der zum ehemaligen Landkreis Gunzenhausen gehörte, dar.

Den Autoren geht es darum, die innere Struktur dieser Landschaft aufzuzeigen, vorwiegend also Gebilde darzustellen, die von Menschen erfühlt und ersonnen und von Menschenhand geformt, die darum zerbrechlich und vom Untergang bedroht sind. Manche der abgebildeten Kunstwerke haben schon zum zweitenmal das Licht dieser Welt erblickt; einst durch Kriegsgeschehen oder durch Leichtfertigkeit zerstört und verschüttet, wurden sie jüngst geborgen und wiederhergestellt. Das sollte uns nachdenklich machen.

Der vorliegende Band, der die Schatztruhe »Altmühlfranken« aufschließt, wird Freude und Staunen wecken. Er will aber auch mahnen, mit diesen Kostbarkeiten verantwortungsbewußt umzugehen.

Karl Friedrich Zink

Oasen unzerstörter Landschaft und Natur, Zeugnisse unserer geschichtlichen Vergangenheit und Gebiete, in denen konzentriert wertvolle Kulturdenkmäler erhalten sind, werden in Europa immer seltener. Boden- und Bauspekulation, Industrie-, Straßen- und Bahnbauten greifen gierig und unaufhaltsam nach unseren wenigen noch intakten Lebensräumen. In meinen Bildbänden über das Land am Oberrhein habe ich versucht, noch Vorhandenes dokumentarisch zu erfassen und Einheimischen wie Fremden die Augen für landschaftliche und kulturelle Kostbarkeiten dieser Gegend zu öffnen. Vieles, was ich in meinen Büchern noch im Bilde festhalten konnte, ist in den wenigen, inzwischen vergangenen Jahren verschandelt oder sogar völlig zerstört worden. Landrat Dr. Zink, der bei einem Besuch im Markgräflerland das Buch »Oberrheinisches Mosaik« in die Hand bekam, äußerte den Wunsch, daß ich von seinem Landkreis im Altmühlfränkischen eine entsprechende Dokumentation erstelle.

Schon bei einer ersten Informationsreise in den Kreis Weißenburg-Gunzenhausen beeindruckten mich die herrliche Landschaft und die fast unübersehbare Fülle an Kunstwerken in Städten und Dörfern, sodaß ich den Auftrag gerne übernahm. Während der eigentlichen, sich über zwei Jahre hinziehenden Arbeit, mußte ich dann feststellen, daß mein erster Eindruck gewissermaßen nur eine kleine Kostprobe gewesen war. Optisch erfaßt werden mußten die Zeugnisse der vorgeschichtlichen und geschichtlichen Vergangenheit dieses Raumes: Aus dem Jurakalk von Solnhofen waren Versteinerungen von über 600 urzeitlichen Lebewesen, von niederen Tierformen bis zu Krokodilen und Sauriern, geborgen worden. Der sensationellste Fund, der hier getätigt worden war und weltweites Aufsehen erregte, war der Archaeopteryx: Ein Flugsaurier, der die ersten eindeutigen Merkmale eines Vogels aufwies, also der Urvogel. Der später erfolgte Meteoriteinschlag, der das Nördlinger Ries schuf, hatte weitgehende landschaftliche Veränderungen der Gegend und ungewöhnliche geologische und mineralogische Phänomene zur Folge.

An die Funde der Vor- und Frühgeschichte reihen sich großartige Relikte aus römischer Zeit. Später begegnen wir Zeugnissen der Christianisierung durch Bonifatius. Aus der Zeit Karls des Großen stammt der Versuch, Main und Donau und damit West- und Osteuropa durch einen Schiffahrtsweg miteinander zu verbinden. Wenn ihm dieses Projekt gelungen wäre, hätte die geschichtliche Entwicklung in Europa vielleicht einen ganz anderen Verlauf genommen, denn Handelswege fördern zumeist ein friedliches Miteinander.

Bei meiner Arbeit habe ich Altmühlfranken zu allen Jahreszeiten erlebt und lieben gelernt. Man kann nur hoffen, daß dieses schöne Land mit der Vielfalt an Kunstschätzen in seiner ganzen Ursprünglichkeit erhalten bleibt. Zahllose Motive habe ich mit meiner Kamera erfaßt; aus räumlichen Gründen konnte jedoch nur ein Bruchteil in diesem Band gebracht werden. Bei der Fülle der Aufnahmen war es oft schwer, die richtige Entscheidung zu treffen. Ich hoffe aber dennoch, ein einigermaßen vollständiges Bild dieses Raumes gezeichnet zu haben, das seiner Großartigkeit gerecht wird.

Leif Geiges

Altmühlfranken? Ein neuer Begriff in der Palette deutscher Stämme? Mitnichten, ein kulturgeographischer Begriff, ein Versuch, der nüchternen und sachlichen Verwaltungssprache Farbe zu geben. Wir berichten im vorliegenden Mosaik im Grunde über den Landkreis Weißenburg-Gunzenhausen mitsamt einigen angrenzenden Gebieten, die diesem Raum seit alters eng verbunden sind. Ernst Eichhorn, der fränkische Kunsthistoriker, hat den Begriff »Altmühlfranken«, auch »altmühlfränkisch«, vor mehr als zwei Jahrzehnten eingebracht, um das geschichtsträchtige Kulturland im südlichen Mittelfranken zu charakterisieren, das in der Tat soviel Eigengesicht aufweist, daß ein nur diesem Raum zugehörender Name gerechtfertigt ist. Dabei ist jedem klar, daß der Raum Weißenburg-Gunzenhausen mit den angrenzenden Gebieten eigentlich von drei Stämmen beeinflußt ist. Man könnte geradezu von einem Dreistammeseck sprechen, nämlich der Franken, Schwaben und Baiern, die mit wechselnder Intensität im Laufe der Geschichte den Raum mitprägten. Und dies allein schon gibt Altmühlfranken seine Sonderakzente, eine kulturell-historische Eigenständigkeit – es wird in diesem Sinn unverwechselbar und unaustauschbar. Daß von den Beiträgen der drei Stämme zu diesem Raum die Franken leicht favorisiert erscheinen, mag in ihren wesentlichen Leistungen zur Landesorganisation, zum Landesausbau liegen. Verstehen wir aber unter Altmühlfranken auch immer, was Schwaben und Baiern zugebracht haben. Sehen wir bewußt eine kleine Stammessymbiose, die gerade in der deutschen Geschichte nicht selbstverständlich ist und hohen Reiz ausstrahlt.

Ein Grundgesetz von Altmühlfranken wird damit herausgearbeitet: Vielfalt. Dies gehört allgemein schon zur fränkischen Kulturlandschaft, besonders aber zu Altmühlfranken. Dies beginnt auch schon bei der Landschaft. Welch größerer Kontrast ist denkbar, als die satten Altmühlwiesen und die karge Jurahochfläche. Vielfalt und Kontrast kennzeichnen auch die historische Landkarte mit den fast verwirrenden Territorien des Heiligen Römischen Reiches deutscher Nation. Da gibt es die Reichsstadt Weißenburg, mächtig und selbstbewußt im ausgehenden Mittelalter, Parteigänger Luthers – wobei mit diesem Bekenntnis ebenfalls Land und Bevölkerung geprägt wurden. Unmittelbar neben der alten Reichsstadt unter dem kaiserlichen Adler finden wir den deutschen Ritterorden mit einer seiner größten und glanzvollsten Residenzen: Ellingen. In den Ordensgebieten wiederum, katholischen Inseln, lebt der Schwung süddeutsch-österreichischen Rokokos, wird Wert auf die Entfaltung äußeren Glanzes und unvergorener Lebensfreude gelegt – Kontrast zu der liebenswerten Sprödigkeit markgräflicher Ortsbilder, oder der nüchternen, selbststrengen Disziplin lutherischer Markgrafenkirchen. Damit sind wir bei einer anderen formenden großen Landmacht Altmühlfrankens, den Hohenzollern, ebenfalls frühzeitig der Reformation zugetan. Als Burggrafen von Nürnberg waren sie, wollten sie ihren reichsfürstlichen Ehrgeiz befriedigen, darauf angewiesen, sich außerhalb der ersten unter allen Reichsstädten, eben Nürnberg, eine Landmacht aufzubauen. Als Markgrafen von Ansbach griffen sie dann tief in die Geschichte Altmühlfrankens ein, mit ihrer Entscheidung für den Protestantismus, mit ihrem Kampf gegen die aufrührerischen Bauern, mit der Säkularisierung der Klöster Heidenheim, Wülzburg oder Solnhofen etwa. Zeitweise hatten sie in den Grafen von Pappenheim politische Partner, die an der Konfessionsfront, nicht zuletzt wegen ihres Reichsmarschallamtes. zeitweise pendelten. Unübersehbar ist auch die Rolle der Reichsritterschaft »Ritterkantons Altmühl«, deren Burgen bis heute zu den reizvollen Kostbarkeiten gehören. Da ist aber auch die Rolle der Eichstätter Fürstbischöfe nicht zu vergessen, die in Altmühlfranken gleichfalls als respektabler Territorialherr auftreten konnnten. Ihre Gebiete sind bis in unsere Tage katholisch geprägt wie die Besitztümer der Grafen von Oettingen, etwa in Spielberg oder Gnotzheim. Und diese konfessionelle Verschiedenheit schlug sich sogar in den Volkstrachten nieder. Vielleicht sollten wir an dieser Stelle auch der jüdischen Gemeinden gedenken, wie sie sich vor allem bei den Pappenheim, dem Deutschorden, in einigen reichsritterschaftlichen Orten und natürlich den Markgrafen bilden konnten. Wenn wir die historische Palette vervollkommnen wollen, dürfen wir auch die Wittelsbacher nicht vergessen, Pfalz-Neuburg, das ebenfalls als gestaltende politische Kraft auftrat.

Angesichts dieses Fleckerlteppichs des Reiches in Altmühlfranken darf zu Recht erneut von Vielfalt gesprochen werden, manchmal sogar einer verwirrenden, wenn sich etwa in einem Ort fünf bis zehn verschiedene Herrschaften begegneten. Zur Vielfalt der Natur, der Stämme, also die Vielfalt der politischen Zugehörigkeiten. Dahinter verbergen sich für die Bevölkerung freilich Leid und Drangsal, die durch die kleinlichen Fehden der verschiedenen Landesherrn um oft winzige Zuständigkeiten und Rechte entstanden. So haben die Zustände vor 1803/06 oft bittere Reminiszenzen hinterlassen. Daß gegen Ende des Heiligen Römischen Reiches erhebliche Teile Altmühlfrankens unter die Herrschaft des schwarzen preußischen Adlers kamen, nachdem der letzte Ansbacher Markgraf Alexander die Geschichtsszenerie geräumt hatte, sei eher als Kuriosum erwähnt. 1806 jedenfalls stand Bayern mit seinem frischgebackenen König schon bereit, im Zuge napoleonischer Politik, um in einem mehrere Jahre umfassenden Prozeß die Herrschaft in den wesentlichen Teilen Frankens anzutreten. Altmühlfranken war endlich unter einem Hut.

Von der Vielfalt war hier immer wieder die Rede. Denken wir aber auch noch einmal an das Unverwechselbare Altmühlfrankens? Etwa den Karlsgraben als singuläres Dokument Karls des Großen, den Gedanken der Nordsee-Schwarzmeer-Verbindung, die über den Kanal Ludwigs I. von Bayern bis zum heutigen Tag in Gestalt des jetzigen Kanalbaues im Bewußtsein blieb. Spekulieren wir ein wenig, wenn wir überlegen, ob das Kanalprojekt Karls des Großen beim Gelingen nicht die politische Landschaft Europas zu einer anderen Entwicklung gebracht hätte?

Zur Funktion des altmühlfränkischen Raumes wäre damals also noch die einer verkehrspolitischen Drehscheibe gekommen. Das Land war eben offen, nach vielen Seiten, hinauf in das Fränkische, nach Schwaben, in den bayerischen Raum. So war auch Altmühlfranken nie abgeschlossen, sondern offen für viele Gedanken und Einflüsse. Denken wir an das 8. Jahrhundert mit Sola, Wunibald oder Walburga, den angelsächsischen Glaubensboten. Denken wir aber auch an das Hereinströmen der Oberösterreicher, von Protestanten, vor allem nach dem Dreißigjährigen Krieg, die manches nahezu verlassene Dorf wieder hochbrachten.

»Durch Franken wehen die Winde« hat einer der sensibelsten Kenner Frankens, Max von Aufseß, gesagt. Dies gilt gerade auch für Altmühlfranken, wo lange die Römer saßen, Markomannen und Alamannen stürmten, die Franken ihre freien Bauern einsetzten. Erspüren wir Altmühlfranken in dieser Qualität, mit seinem Eigengesicht, in seiner Unverstellbarkeit. Das vorliegende Buch versucht dabei zu helfen, auch wenn einschränkend von »Mosaik« die Rede ist, weil weder die historische und kunstgeschichtliche Fülle, auch nicht die optische, des vielgestaltigen Altmühlfrankens ausgeschöpft werden können. Wir denken auch an das Werk Loy Herings, den Reichtum der bodenständigen Keramik, die am Anfang stehende Erfassung der bemalten Möbel, die Fossilien der Solnhofer Steinbrüche und vieles mehr – Altmühlfranken hat immer Überraschungen und unbekannte Schönheit parat.

Adolf Lang

Das Schloß von Altenmuhr

Zu den interessantesten Burgenbauten des Altmühltales oberhalb von Gunzenhausen zählt Altenmuhr, selbst wenn ihm das 19. Jahrhundert den Verlust des Wassergrabens und eines Teiles der Zwingermauer gebracht hat. Was blieb, ist trotzdem spektakulär und läßt, vor allem mit dem Bergfried des 12. Jahrhunderts, eine alte und ehrwürdige Geschichte ahnen. Frühzeitig werden Herren von Mure in der nicht immer sicheren Überlieferung genannt. Im 14. Jahrhundert jedenfalls ging die Burg an die Herren von Lentersheim. In der preußischen Zeit Ansbachs durfte sich Karl August Freiherr von Hardenberg des schönen Besitzes rühmen. Dann kamen die adeligen Familien der Wülkenitz, Dankelmann, Le Suire. Wer das Schloß übrigens nach der Gebietsreform finden will, muß das Ortsschild Muhr am See beachten, um zum Ziel zu kommen.
Die Südostansicht des Schlosses zeigt den massigen Bergfried, vorgelagert ist der Rest der Zwingermauer. Die Wohnbauten gehören durchweg dem 15.–17. Jahrhundert an.
Der »Sommersalon« von Schloß Altenmuhr birgt feine Grisailletapeten mit Kosaken und anderen Gestalten in zum Teil antiken Ruinenlandschaften, gegen 1810/20 entstanden und französischen Ursprungs.
Eine weitere Kostbarkeit von Altenmuhr sind die Stuckarbeiten, die gegen 1610 geschaffen wurden und dem Nürnberger Meister Hans Kuhn zugewiesen werden.

Groteskes in Altenmuhr

Das Schloß von Altenmuhr, in mannigfaltiger Beziehung interessant, birgt unter anderem hervorragende Stukkaturen aus dem Anfang des 17. Jahrhunderts, die dem Nürnberger Hans Kuhn zugeschrieben werden. In ihnen sind viele groteske Elemente enthalten, die noch unverhüllter in einigen Wandmalereien zu Tage treten, deren Lebewesen grotesk und surreal zugleich wirken. Sicher ist man versucht, an ähnliche Welten etwa bei Hieronymus Bosch zu denken, auch an andere niederländische Zeitgenossen und Nachfahren. Vielleicht sind die Vorlagen zu diesen noch nicht umfassend gedeuteten Darstellungen aber eher in Nürnberg zu suchen, etwa bei Christoph Jamnitzer und seinem »New Groteßken Buch« von 1610, oder den vergleichbaren Grotesken-Entwürfen der Epoche, jenen Mischwesen von Mensch und Ornament, Mensch und Tier. Vielleicht tauchen aber in diesen Zeichnungen auch grotesk verfremdete Fabeln auf . . .

Maler und Hüter bayerischer Kunstschätze:
Christian von Mannlich

Im Schloß von Altenmuhr, baugeschichtlich und kunsthistorisch gleichermaßen fesselnd, wird ein 192 x 192 cm großes Gemälde verwahrt, das einem am Boden liegenden Satyr zeigt, der von einem heroischen Jüngling attackiert wird, schließlich eine Nymphe, die sich, eher noch unsicher über den Ausgang des Kampfes, abwehrend zur Seite beugt. Dieses farbenfrohe und qualitativ hochstehende Bild, das die Bewunderung der italienischen Malerei und ihres Kolorits nicht verleugnen kann, wurde von Christian von Mannlich (1741 – 1822 in München) geschaffen. Damit sind wir unversehens wieder in der bayerischen, mindestens zunächst wittelsbachischen Geschichte. Mannlich hatte seine Laufbahn als Hofmaler in Zweibrücken begonnen, war dort Baudirektor und schließlich »Direktor von den sämtlichen schönen Künsten« gewesen. Er darf sich rühmen, einen gewichtigen Anteil am Aufbau des neuen Bayern des 19. Jahrhunderts zu haben, diente er doch in der Person des Herzogs Maximilian dem späteren ersten bayerischen König (ab 1806) Maximilian I. Joseph. Mannlichs eigentliches Verdienst liegt in der Zusammenführung der wittelsbachischen Kunstbestände aus Düsseldorf, Mannheim, Zweibrücken mit denen der bayerischen Landeshauptstadt München, von der Bergung der Bestände aufgehobener Klöster nicht zu reden. Daß er damit, Diener seines Herren, gleichzeitig aber, durch das Projekt zentraler Münchener Sammlungen, anderen deutschen Kulturlandschaften Verluste beifügte, ist unserer Zeit klar, in der damaligen Epoche notwendiger Zentralisierung, zur Überwindung der deutschen Kleinstaaterei, aber auch verständlich. Daß Mannlichs künstlerisches Werk ob dieser Aufgaben immer mehr zurücktrat, ist zu verstehen. Um so beachtenswerter, daß sich mitten in Franken eines seiner guten Werke erhalten konnte. Im übrigen hatte Mannlich nicht zuletzt deshalb Beziehungen zum altmühlfränkischen Raum, weil er von Senefelder die Lithographie erlernte und gerade auf diesem Gebiet künstlerisch und auch als Herausgeber von lithographischen Werken hervortrat.

Die Kirche von Altenmuhr und der Bildhauer Loy Hering

Die protestantische Pfarrkirche von Altenmuhr geht auf das Jahr 1467 zurück und diente den Herren von Lentersheim als Grablege. Diese wiederum beauftragten einen der größten Bildhauer der 1. Hälfte des 16. Jahrhunderts, für sie Epitaphien zu arbeiten: Loy Hering. Dieser »Leome Hering von Kauffpeuren« wurde um 1485 geboren. Spätestens 1518/19 ist der Künstler fest für Eichstätt bezeugt: »meister Loien Hering pildhauer zu Eystett«. Über Jahrzehnte arbeitete er als Bildhauer im Altmühlgebiet; er wird der eigentliche große Gestalter in Jurakalkstein, gewissermaßen der bodenständige Künstler schlechthin. Mit Loy Hering dringen endgültig die Formen der Renaissance in den altmühlfränkischen Raum. Neben dem Fürstbischof von Eichstätt versahen ihn vor allem reichsritterschaftliche Familien mit namhaften Aufträgen. 1554 erstellte der greise Hering sein Testament; sein Todesdatum ist bislang nicht ermittelt, dürfte aber nicht allzu lange danach liegen.

Unter dem Altenmuhrer Arbeiten Loy Herings für die Familie der Lentersheim ragt das Epitaph für Hans Wolf von Lentersheim hervor, das mit den Maßen 149 x 67 cm eindrucksvolle Dimensionen besitzt. Der 1547 verstorbene Stifter kniet vor dem Kruzifix und spricht: »O her bis mir gnedig«. Oben sind die Wappen der Lentersheim und der Seckendorff zu sehen. Inwieweit der alternde Hering selbst noch in größerem Umfang an diesem Epitaph mitgearbeitet hat, mag dahingestellt sein. Fest steht, daß die kompositorisch äußerst ausgewogene und ikonographisch hochinteressante Arbeit alle Tugenden der hohen Kunst Herings zeigt.

Die Altenmuhrer Kirche, dem Ritterpatron Georg sowie dem Pilger-Apostel Jakobus geweiht, zeigt trotz ihrer spätmittelalterlichen Substanz Spuren späterer Umbauten, wie auch der Turm 1790 erneuert wurde.

Wald und die Falkenhausen

Unweit von Gunzenhausen liegt das stille Wald, das sich einer durchaus originellen Geschichte erfreuen kann. Am Anfang, 1273, steht mit Ortlieb und Bertold der übliche Ortsadel. 1350 gab es drei Herren: die Lentersheim, Apel von Crailsheim und den berühmt-berüchtigten Eppelein von Geilingen. Dann tauchen schon die Burggrafen von Nürnberg und späteren Markgrafen von Ansbach auf. Unter ihnen kam Wald auch an die Familie von Zocha, die Ansbach zwei Hofbaumeister stellte. Ihnen ist der Bau des Schlosses und der Kirche zu verdanken. 1749 schließlich wurde Wald der noch heute dort sitzenden Familie von Falkenhausen zugebracht. Markgraf Carl Wilhelm Friedrich von Brandenburg-Ansbach versorgte damit einen Sohn aus seiner Nebenehe mit der schönen Elisabeth, einer ausgesprochenen Liebesverbindung. Gemäß seiner Hauptpassion, der fürstlichen Falkenjagd, erhielten seine Nachkommen aus dieser Ehe den Namen »von Falkenhausen« und als Wappen den aufgehaubten Falken.

Das Schloß der Falkenhausen stellt in seiner fast spartanischen Schlichtheit einen typischen Bau des Ansbacher Markgrafenbarock und eben des Carl Friedrich von Zocha dar. Ausgewogenheit der Proportion gehört, gerade beim Verzicht auf Fassadenschmuck, zu den Merkmalen dieser Baugesinnung.

Auch das Schloßinnere verzichtet auf besonderen Schmuck. Im Hauptsalon hängt das Porträt des letzten Ansbacher Markgrafen Christian Friedrich Carl Alexander, also des Sohnes des Markgrafen (und Falkenhausenvaters) Carl Wilhelm Friedrich aus dessen Ehe mit der königlichen Prinzessin Friederike Luise von Preußen, einer Schwester Friedrichs des Großen. Neben dem Ofen ist das Porträt der Elisabeth Wünsch zu sehen, der Stamm-Mutter der Falkenhausen, die 1733 dem Markgrafen Carl zur linken Hand angetraut wurde. Sie starb im selben Jahr wie ihr fürstlicher Gemahl und fand die letzte Ruhestätte in der Kirche von Wald.

Von der edlen Kunst der Falkenjagd

Seit dem Bekanntwerden des Abendlandes mit der arabischen Kultur, zum Teil über die Kreuzzüge, und vor allem seit Kaiser Friedrich II., der einen eigenen Traktat »Über die Kunst mit Vögeln zu jagen« verfaßte, gehört die Jagd mit Greifvögeln zu Europa. Das Abrichten des jungen Falken galt gleichzeitig als Erziehung für einen Prinzen, war Selbstverwirklichung und Charakterstärkung. Das Fortfliegen des Falken bedeutete Enttäuschung, rief Wehklagen hervor, wie der Kürenberger klagen mußte, als ihm sein Tier trotz langen Bemühens davonflog. Auch für viele Fürsten des 18. Jahrhunderts war die Beizjagd die standesgemäße, elitäre Betätigung. Man scheute, etwa wie Kurfürst Clemens August von Köln oder Markgraf Carl Wilhelm Friedrich von Ansbach, die Ausgabe ungeheurer Geldmittel nicht, um gute Tiere zu bekommen, Schlösser für die Beizjagd zu bauen, oder, wie der »wilde Markgraf«, sogar eigene Falkenmaler zu beschäftigen. Die Jagd mit dem edlen Tier war, wie das Auftreten von Trompeten und Pauken, Rangabzeichen, Ausweis des fürstlichen Standes geworden. Carl Wilhelm Friedrich ließ sogar eine Bilanz von über zwei Jahrzehnten Falkenjagd drucken: 34000 Tiere, darunter etliche tausend Reiher erbeizte er eigenhändig, vor allem im Gebiet von Triesdorf und Gunzenhausen, also in den Altmühlauen. Bei einem solchen Stellenwert der Falkoniers-Kunst, zeitweilig wurden über 50 Menschen hauptberuflich in der Falknerei vom Markgrafen beschäftigt, wundert es nicht mehr, daß der Fürst seine größte Lebenspassion im Namen seiner Kinder aus der Ehe zur linken Hand weiterleben ließ: Falkenhausen. Daß markgräfliche Hofkünstler die Falknerei auf Bildern, Krügen der Fayencemanufaktur und Fayencefliesen hochleben ließen, nimmt deshalb auch nicht wunder. Einen großen Schatz auf diesem Gebiet verwahrt die Stadt Gunzenhausen mit einem einzigartigen Bestand an Fliesen aus der Crailsheimer Manufaktur der Familie Weiß. Auf diesen Fliesen wird die Falkenjagd in Abfolge gezeigt, darunter natürlich auch der zur Jagd bereite, aufgehaubte Falke. Und die Schellen sollten garantieren, daß man den Falken wiederfinden könne und Carl Wilhelm Friedrich nicht in die Lage geriet wie einst der Kürenberger im staufischen Mittelalter.

»Ein Hochfürstl. Anspachische an dem Altmühl Fluß erbaute Haupt- Handel und Legs-Stadt, so 3. Meylen von Anspach, 2. Meylen Von der Reichs Stadt Weißenburg und 3. Meylen Von Öttingen liegt, welches Burggraf Friederich V. Anno 1368. pro 20 000 Pfund Heller gekauffet.« So beginnt der markgräfliche Hoffourier Johann Martin Mayer seinen Bericht über die Stadt Gunzenhausen, deren Geschichte über mehrere Jahrhunderte von den Hohenzollern bestimmt wurde. Urkundlich ist »Gunzenhusir« (»bei den Häusern des Gunzo«) schon 823, zur Zeit Kaiser Ludwigs des Frommen greifbar. Die davorliegende Geschichte blieb teilweise im Dunklen, wenn auch die Stichworte Römer und fränkisches Königsgut erwähnt werden müssen. Der Übergang an die zollerischen Burggrafen und späteren Markgrafen von Brandenburg-Ansbach gestaltete Weg und Schicksal von Gunzenhausen für mehr als vier Jahrhunderte. Die neuen Landesherren statteten das verkehrsgeographisch wichtig gelegene Gunzenhausen mit einer Fülle von Rechten aus, die das Gemeinwesen weit über den Rang einer ansbachischen Landstadt hinaushoben. So avancierte Gunzenhausen 1638 zu einer der vier Hauptstädte des Fürstentums Ansbach. Die Stadt war Sitz wichtiger markgräflicher Ämter, an der Spitze das Oberamt, mitsamt seinem »Hoff«, so »aus einem Vorderen Hauß, zwey Seiten-Fliegln, einen innern Hoff und einer Scheuren Bestehet, worinnen ein Jedesmahliger Oberamtmann wohnt, auch Hochfürstl. gnädigste Herrschaft logirt Wann Sie her kommt.«

Ein Wahrzeichen von Gunzenhausen, wenn es auch außerhalb des Stadtzentrums liegt, ist das »Kreuz im Altmühltal«, das von 1482 stammt und jüngst erneuert wurde. Der sagenumwobene Bildstock hat allerdings nichts mit den üblichen Steinkreuzen gemein.

Am Blasturm, der nach Einsturz 1603 wieder aufgebaut wurde, prangt das große Staatswappen der Ansbacher Markgrafen, Symbol zollerischer Landeshoheit.

Eine schöne Gouache des Museums Gunzenhausen zeigt, trotz aller perspektivischen Unbeholfenheit, den Blasturm mit seiner anmutigen Umgebung im letzten Jahrhundert.

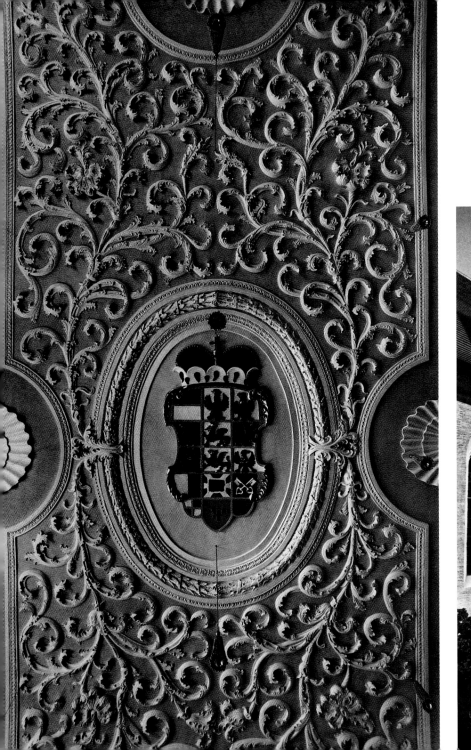

Burkhard von Seckendorff – Wohltäter Gunzenhausens

1352 stiftete Burkhard von Seckendorff, Mitglied der weitverzweigten und reichbegüterten Adelsfamilie, das Spital von Gunzenhausen. Dabei wurde auch die Spitalkirche gebaut, die 1353 ihre Weihe durch Bischof Berthold von Eichstätt erlebte und 1611 sowie 1700 – 1702, also unter dem jungen Markgrafen Georg Friedrich, erneuert werden mußte.

Der virtuose Deckenstuck der Spitalkirche stammt aus dem Jahre 1701 und zeigt inmitten seiner Akanthusranken das große Staatswappen der Ansbacher Markgrafen, bekrönt vom Fürstenhut.

Trotz der mehrfachen Erneuerung in ihrer Geschichte konnte die Spitalkirche, wie andere ebenfalls dem Heiligen Geist geweiht, ihr spätgotisches Aussehen bewahren, obwohl das Maßwerk der Fenster jüngeren Datums ist. Nachklingende Gotik ist aber im fränkischen Raum nicht selten. Die Spitalkirche birgt auch das Grab des ritterlichen Stifters aus dem Geschlecht der Seckendorff.

Die protestantische Pfarrkirche von Gunzenhausen birgt ein sehr qualitätsvolles Grabdenkmal, das den berühmten Haudegen Paul von Absberg zeigt, der unter anderem
auch Kampfesgenosse Götz von Berlichingens war. Paul galt als einer der großen
Feinde der Reichsstadt Nürnberg, der in der Affalterbacher Kirchweihschlacht 1502,
also zwischen der Reichsstadt und dem Markgrafen Casimir, eine herausragende Rolle
gespielt hatte. Unter Kaiser Friedrich III. war Paul 1469 mit der Herrschaft Absberg
belehnt worden. Er nahm 1481 und 1483 in Heidelberg, 1484 in Ansbach und 1486 in
Bamberg an den großen Turnieren teil. 1474 zog er mit dem Kurfürsten Albrecht Achilles
in den Reichskrieg gegen Burgund. 1494 wurde er in den Schwanenorden aufgenommen, dessen Kette er allerdings auf seinem Grabmal nicht trägt. Bereits 1490 war er
Amtmann von Gunzenhausen geworden. Seine Affalterbacher Kriegstaten wurden in
einem Volkslied der Zeit besungen:
Kenn ich Herr Paulus von Apsperg,
er ist ein zornig man,
sprengt die gemein von Nurmberg
gar dapferlichen an.
Schon 1503 fand der Tapfere den Tod, allerdings weniger rühmlich. Er fiel bei einem
Heimritt von Gunzenhausen nach Absberg so unglücklich in seinen Spieß, daß er innerhalb einer Stunde starb. Die Nürnberger natürlich jubelten und betrachteten das will-
kommene Ereignis als die Strafe für Affalterbach.
Das Epitaph Pauls wird übrigens dem »Meister der Ansbacher Schwanenordensritter«
zugeschrieben, der gelegentlich »IA« signierte, wohl als der »pildschnitzer zu armpa-
wer« (= Ornbau) angesehen werden darf und mit dem Vornamen vielleicht Jodokus
hieß.
Die spätgotische Stadtkirche von Gunzenhausen bildet eine wirksame Dominante im
Reigen der Häuser. Im Vordergrund ist der Storchenturm zu sehen, links der Färber-
turm.
Zu den respektablen Gebäuden historischer Substanz gehört auch das Gerberhaus in
der Spitalstraße.

Zu den interessanten Bauten Gunzenhausens ist auch das sogenannte Kasino zu rechnen, ein ehemals markgräfliches Haus, das bis vor einigen Jahren die einzigartige Fliesenserie des 18. Jahrhunderts barg. Die Geschichte dieses Anwesens, an dem der Markgraf Carl Wilhelm Friedrich baute und das im 19. Jahrhundert einschneidend verändert wurde, gibt vom Baubefund her noch einige Rätsel auf. Sein Eingang wird von einem prächtigen zweiflügeligen Tor aus Absberg gehütet, das unter die selten gewordenen, qualitätvollen Schmiedeeisenarbeiten des 18. Jahrhunderts eingereiht werden darf. Es wird vom polygonen Blasturm eindrucksvoll überragt.

Markgräfliche, reichsritterschaftliche, eichstättische und auch Deutschordens-Spuren sind heute im Gesamtgebiet der Stadt Gunzenhausen zu finden. Gemäß Gottfried Stieber, dem wichtigsten historischen Gewährsmann des 18. Jahrhunderts, wurde die Kirche von Aha 1721 »wegen grosser Baufälligkeit, grösten Theils abgebrochen und wieder neu erbauet.« Dazu paßt auch das schöne Allianzwappen des Markgrafen Wilhelm Friedrich von Ansbach und seiner tüchtigen Gemahlin Christiane Charlotte, einer geborenen Herzogin von Württemberg, die im übrigen von 1723 – 1729 als »Obervormunderin« das Land für ihren Sohn Carl Wilhelm Friedrich mit Erfolg regierte.

Johann Bernhard Fischer berichtete 1787 über das markgräfliche Oberamt Gunzenhausen: »Die Bauern im Altmühlgrund, besonders in den Ortschaften Aha, Sausenhofen, Sammenheim, Dittenheim, Windsfeld, Dornhausen, Gundelsheim etc. stehen in
sehr guten Vermögensumständen, die sich nicht selten von sechs bis auf dreisig und
vierzigtausend Gulden erstrecken. Ihre Wohnungen sind gut gebaut, und mehrenteils
gelb und roth, oder blau und weis angestrichen. Ihre Tracht besteht aus schwarzen
bock- oder wildledernen Hosen; rothen scharlachenen Brustfleck, nicht selten mit silbernen Knöpfen besetzt, und über solchen einen grün seidenen mit Zierrathen gestik-
ten Hosenträger. Tuchene oder schwarzbarchantne Kleider; grün sammtne Belzmüt-
zen und öfters silberne Schnallen in den Schuhen. Die Bäuerinnen bedecken ihren
Kopf mit einer kottonen mit breiten Bande besetzten Haube; über diese thürmen sich
noch eine dergleichen sehr hohe seidene oder fein abgenähte weise, mit handbreiten
Spitzen. Ihre langen Röcke sind mehrenteils rosenroth oder perlenfarb und in einige
hundert Falten gelegt.« Aus diesem wichtigen Text geht unschwer hervor, daß unsere
historischen Trachten farbiger gewesen sein müssen, als man es sich heute gelegentlich vorstellt. Einen interessanten Beleg hierzu liefert eine Erhebung des Historischen
Vereins für Mittelfranken aus der Mitte des vergangenen Jahrhunderts, deren farbige
Beilagen aus dem »Landgericht Gunzenhausen« wir hier abbilden. Sie zeigen, selbst
noch zu diesem Zeitpunkt, eine vergleichsweise große Farbigkeit gerade auch der protestantischen Tracht.
Oben, von links nach rechts: Tracht aus dem Landgericht Gunzenhausen; protestantische Tracht aus dem Landgericht Gunzenhausen; Tracht aus dem Landgericht Gunzenhausen. Unten rechts: »Tracht der Catholiken, Landgericht Gunzenhausen.«

Gunzenhäuser Radhauben

Zum besonderen Stolz der Trachtenbeflissenen in Gunzenhausen und seiner Umgebung gehört die Radhaube, ein zartes und kostbares Gebilde, das die Feierlichkeit der Tracht an ernsten und heiteren Tagen gleichermaßen steigert. Schon für das 18. Jahrhundert sind Radhauben von weißem oder schwarzem Flor bekannt, die auch Florhauben und breite Hauben genannt werden. Einer Trachtenbeschreibung von 1864 ist zu entnehmen, welche Arten von Kopfbedeckungen im früheren Bezirksamt Ansbach üblich waren: »Die Weibspersonen kleiden sich, mit Ausnahme der zu hoch hinaufgeschobenen Taille geschmackvoll. Für gewöhnlich im Hause und beim Arbeiten tragen sie zwar nur ein baumwollenes rot, weiß, blau kariertes oder gedrucktes Tuch um den Kopf, das unter dem über den Nacken herabhängenen Zipfel geknüpft ist; sonst aber, wenn sie zur Kirche oder »über Feld« gehen, haben sie über dem zurückgekämmten, bei nicht wenigen aber auch gescheiteltem Haar eine schwarze Haube, die im Haarknoten durch eine Stecknadel befestigt ist und einen etwa 5 Zoll langen gegen unten hin schräg abwärts gestutzten, mit schwarzen Spitzchen berandeten, oben mit Kreuzmäschchen verzierten Kegel, bildet, dessen Boden mit einer Stickerei von bunten Blumen oder von Gold, Silber, Flitterscheibchen und derlei geschmückt ist. Unter dem Kinne hängen von den Lappen der Haube breite, durchweg schwarzseidene Bänder mit zwei Schleifen und zwei Längsbändern über die Brust herab, eben solche Bänder von dem unteren Rande des Kegels über den Nacken und Rücken. Um den Hals schlingt sich ein mehrsträngiger Pater von Perlen oder Granaten. Beim Abendmahl und sonstigen feierlichen Gelegenheiten haben die Weibspersonen große weiße Drahthauben mit einem schwarzen Kegel, wie bei den gewöhnlichen Hauben und ebenso verziert wie diese. Bei Leichenbegängnissen sind diese Hauben ganz schwarz. Sie werden so getragen, daß, wie bei den gewöhnlichen Hauben die obere gekrümmte Fläche des Kegels mit dem Scheitel in horizontaler Linie läuft und der Rand des an den Seiten des Kopfes etwas weniger gekrümmten Rades ganz vertikal steht.« Eine schöne Mühe mußten sich unsere Altvorderen also mit ihrer Tracht geben. Da gab es nichts von der Stange, absolut und fertig; Tracht besitzen und tragen, hieß kreativ zu sein, selbst Hand anzulegen bei der Fertigung. Und das Wetteifern um die schönste Tracht war nicht in erster Linie eine Geldfrage, sondern auch des Fleißes und der Phantasie.

Das Heimatmuseum Gunzenhausen und sein römischer Merkur

Zu den kulturellen Schwerpunkten von Gunzenhausen gehören die Sammlungen des Städtischen Museums. Sie umfassen überregional bedeutende Bestände zur Vor- und Frühgeschichte. Daneben ist natürlich die Ortsgeschichte angemessen vertreten, vor allem mit Kulturgut der markgräflichen Zeit. Einen beachtlichen Rang haben die volkskundlichen Bestände, die sich in hohem Maße auch auf das obere Altmühltal beziehen. Den Sammlungen zugesellt haben sich die einzigartigen Crailsheimer Fayencefliesen aus dem ehemaligen »Kasino«, ein Schwerpunktszeugnis, nicht nur zur Geschichte der fränkischen Fayencekultur des 18. Jahrhunderts sondern auch zur Falknerei am Hofe des Markgrafen Carl Wilhelm Friedrich von Brandenburg-Ansbach, die ihren jagdlichen Schwerpunkt in den Altmühlauen hatte. Gegründet wurde das Städtische Museum Gunzenhausen von Medizinalrat Heinrich Eidam im Jahre 1921, der nicht nur grundlegende Verdienste um das Zustandekommen der Sammlungen hat, sondern auch selbst als engagierter Forscher und Ausgräber auftrat.

Eines der eindrucksvollsten und wichtigsten Objekte des Museums ist der römische Merkur, eine Statuette, 15 cm hoch, aus Weißbronze, die bei Pfofeld, im Palisadengraben des Limes gefunden wurde. Die kraftvoll wirkende Plastik zeigt den römischen Handelsgott in fast klassischer Darstellung. Das rechte Bein fungiert als Standbein, das linke ist leicht entspannt und spielerisch zurückgesetzt. In der gesenkten rechten Hand hält Merkur den dreizipfeligen Geldbeutel, in der linken den Merkurstab, den Caduceus. Der Mantel, eigentlich ein Tuch, ist über die linke Schulter gelegt, über der rechten von einer Schließe zusammengehalten. Der Handelsgott trägt am Kopf Flügel. Auf der Kopfmitte prangt die Feder des ägyptischen Gottes Thot, dem Gott des Maßes, der Weisheit und der Literatur.

Fayencen im Städtischen Museum Gunzenhausen

Das Städtische Museum Gunzenhausen verfügt über eine respektable Sammlung fränkischer Fayencen, wie sie gerade für die zweite Hälfte des 18. Jahrhunderts typisch sind. Unter den Beständen finden sich vor allem Produkte der Fayence-Manufakturen von Ansbach und Crailsheim (also aus markgräflichem Gebiet), von Nürnberg und von Schrezheim (der Buxschen Manufaktur in der Fürstpropstei Ellwangen). Ursprünglich, in der ersten Hälfte des Jahrhunderts, durften, auf Grund eines staatlichen Monopoles, im Fürstentum Brandenburg-Ansbach nur die Erzeugnisse der staatlichen Ansbacher Manufaktur vertrieben werden. Import »ausländischer Ware« war, im Sinne des protektionistischen Merkantilismus, verboten. Gegen die Mitte des 18. Jahrhunderts, als die Ansbacher Manufaktur »privatisiert« wurde, war dann auch das Eindringen anderer Erzeugnisse möglich. Trotzdem behielt auch die »Ansbacher Fabrique«, nunmehr als »Poppsche Manufaktur« Privatunternehmen, einen guten Platz auf dem fränkischen Markt. Freilich zeigen die Fayencen dieser »Poppschen Fabrik« einen volkstümlicheren Duktus als die früheren Erzeugnisse der Staatsmanufaktur. Eine unbekümmerte Farblichkeit setzt ein; Bürger und Bauern werden ganz offenkundig der bevorzugte Kundenkreis. Selbst mit der Gründung der »feinen Porcellainfabrique« in Ansbach, später Bruckberg, weiß die Fayence sich noch zu behaupten. Einige Jahre nach 1800 geht dann die Manufaktur unter, die so anmutige Zeugnisse wie diese beiden Walzenkrüge hinterlassen hat, die auch durch die originale Zinnmontierung zu gefallen wissen.

Merkendorf – eine Stadt im Besitz der Zisterzienser

Zu den originellsten fränkischen Zwergstädten – dies sei nicht als Herabsetzung, sondern Kompliment an das Eigengesicht verstanden – gehört Merkendorf. Wohlumgürtet von seinem Mauerring stand das kleine Gemeinwesen lange unter der Oberhoheit des einst mächtigen Zisterzienserklosters Heilsbronn, mit dem es während der Reformation endgültig den selben Weg gehen mußte: Merkendorf wurde protestantisch und markgräflich, nachdem die Hohenzollern die Schirmvogtei über Heilsbronn und dessen Besitzungen innegehabt hatten. Merkendorf spielte sogar in der Klosteradministration von Heilsbronn eine gewichtige Rolle, nachdem die Zisterzienser von der kleinen Stadt aus die »heilsbronnische Propstei Altmühl« verwalten ließen. Schrittweise entwickelte sich Merkendorf zur Stadt; das Befestigungsrecht unter König Wenzel war eine wichtige Stufe dazu. Leider mußte Merkendorf im Zweiten Weltkrieg während eines mehrtägigen Häuserkampfes schwer leiden, dennoch konnte die Gesamtanlage der Stadt mit der guten Mauer bewahrt werden, wie auch viele Bauten von der Spätgotik bis zum Barock, nicht zu vergessen der Pfarrkirche. »Am Montag nach Allerheiligen 1506 ward in dießem Rathaus Kayßer Maximilian bewillkummt«, erinnert eine Tafel am alten Rathaus an einen großen Augenblick der Stadt. Darüber prangt in einem Relief der »letzte Ritter«.

Mittelalterliche Romantik – romantisches Mittelalter

Das kleine Merkendorf, im übrigen als Krautstadt in Franken weitbekannt, darf sich einer zwar einfachen, aber vollkommen erhaltenen Stadtmauer rühmen. König Wenzel war es, der Merkendorf im Jahre 1398 das Recht gab, sich dermaßen zu umgürten. Drei Tore, das Obere und Untere sowie das Taschentor gaben Einlaß. Ein rundes halbes Jahrhundert brauchte die emsige Bürgerschaft, zumeist Ackerbauern, um das ehrgeizige Werk ihrer Mauer zu vollenden. Trotzdem konnte die gute Befestigung nicht alles Unglück abwenden, etwa im Dreißigjährigen Krieg. Heute hat sich die Szenerie gewandelt. Was einst als grimmiges Abweisen, eiserner Wille zur Selbstverteidigung verstanden werden mußte, je trutziger und abweisender um so effektiver, wirkt heute als ein trostreiches »in den Schutz nehmen«, als liebevolles Bergen der Innenstadt. Die Stadtmauer ist, erlöst von ihrer fortifikatorisch-militärischen Aufgabe, zur romantischen Szenerie geworden, gerade an den Partien, wo sich auch der wassergefüllte Graben erhalten hat. Menschenwerk des Spätmittelalters, konzipiert für Krieg und Unruhen, heute als Staffage des Erholungswertes einer kleinen Stadt und ihrer Landschaft.

Wolframs-Eschenbach – die Zwergstadt mit Superlativen

Das mittelalterlich-romantische Wolframs-Eschenbach nimmt unter den – die Eschenbacher mögen das Wort verzeihen – fränkischen Zwergstädten einen außergewöhnlichen Rang ein. Da bietet sich ein herrliches Architekturensemble, entstanden unter der Herrschaft des Deutschordens; da stehen Fachwerkbauten von seltener Qualität und hohem Alter. In Wolframs-Eschenbach ist auch noch das selten gewordene Nonnendach zu sehen. Die Pfarrkirche stellt einen der frühesten Hallenbauten Frankens dar und besitzt eine hervorragende Ausstattung. Und dann ist sie den Verehrern des deutschen Heldenliedes und des Minnesanges geheiligt als Grabeskirche Wolframs von Eschenbach, dessen vollen Namen die kleine Stadt seit 1917 tragen darf. Sie wird in der Geschichte, wie viele Orte des Raumes, mit einer Kirchenweihe durch Bischof Gundekar von Eichstätt in der 2. Hälfte des 11. Jahrhunderts greifbar. Im Folgejahrhundert treten die Grafen von Wertheim auf die Szene. Wieder ein Jahrhundert später war Wolframs-Eschenbach vollständig im Besitz des Deutschordens. Von Kaiser Ludwig dem Bayern erhielt der Landkomtur Heinrich von Zipplingen das Recht, aus Eschenbach eine Stadt zu machen. Unter dem Orden verblieb Wolframs-Eschenbach, bis das Alte Reich sich auflöste und Bayern neuer Landesherr wurde.
Spektakuläre Ouvertüre beim Besuch von Wolframs-Eschenbach ist das Obere Tor mit seiner Barbakane, die 1463 datiert ist, während der eigentliche Torturm aus dem 14. Jahrhundert stammt. Stolz prangen die Wappen des Deutschmeisters und der Komture, wie auch das Schwarze Kreuz des Ordens überall in Wolframs-Eschenbach anzutreffen ist.
Als alter Deutschordens-Besitz ist Wolframs-Eschenbach natürlich eine Stadt katholischer Prägung. Zahlreich sind die Hausmadonnen und Hausheiligen.
Der Marktplatz der Stadt wird vom Deutschordensschloß (rechts) beherrscht, das aus dem Jahre 1623 stammt und heute als Rathaus dient. Daneben steht die »Alte Vogtei«, gewissermaßen ehedem Verwaltungssitz des Ordens, ein qualitätvoller Fachwerkbau, der in wesentlichen Teilen noch dem 15. Jahrhundert entstammt, auch wenn das Spätrenaissanceportal eine jüngere Datierung suggeriert. Daneben erhebt sich ein weiterer Fachwerkbau guter Qualität, dessen liebevolle Restaurierung beweist, daß bei entsprechendem Einfühlungsvermögen moderne Nutzung und denkmalpflegerische Anliegen ohne weiteres unter einen Hut gebracht werden können.

Die »Arche Noah« in Wolframs-Eschenbach

Wolframs-Eschenbach weiß sich mancher guter Fachwerkbauten zu rühmen. Nicht der spektakulärste, aber einer der malerischsten, »altdeutschen«, ist die »Arche Noah«, ein Pfründehaus in der Färbergasse. Über dem gemauertem Erdgeschoß erhebt sich die an sich recht bescheidene Fachwerkkonstruktion. Das erste Obergeschoß zeigt noch die alten Fenstergrößen. Darüber springt bereits der Giebel vor mit seinem mächtigen Schopfwalm. Das Dach selbst ist ein sogenanntes Nonnendach, das durch seine jüngst erfolgte Restaurierung natürlich fast neu wirkt, dennoch eine gerade für Wolframs-Eschenbach typische und dort noch mehrfach anzutreffende Handwerkstechnik zeigt. Begnügen wir uns mit dem Hinweis auf die mittelalterliche Gesamtsubstanz des Baues, dem romantische Fachwerkbegeisterung gelegentlich das Praedikat »eines der ältesten Fachwerkhäuser Frankens« beilegt?

Die Pfarrkirche – Wahrzeichen von Wolframs-Eschenbach

Die katholische Pfarrkirche Mariä Himmelfahrt, gelegentlich auch im freudigen Über-
schwang »Liebfrauenmünster« genannt, beherrscht das Gesamtbild der Deutsch-
herrn-Stadt. Vor allem der Turm ragt mit seinen 70 Metern Höhe weit sichtbar hinaus,
wobei die farbig glasierten Ziegel wie eine zusätzliche freundliche Einladung wirken.
Seine unteren Geschosse zeigen die romanische Formensprache, wie auch der Chor
mit seinem flachen Schluß noch in das 13. Jahrhundert zurückreicht, nicht nur Zister-
ziensertradition zeigt, sondern auch im Detail an das Heilsbronner Refektorium erinnert. Das Kirchenschiff selbst bietet sich als dreischiffige Halle, eine der ältesten Frankens, der frühen Gotik zugehörend. Das 15. Jahrhundert bescherte dem Turm zwei weitere Geschosse und machte ihn zu einer der stattlichsten Bauerscheinungen weit und
breit. Unter dem bedeutenden Landkomtur Karl Heinrich von Hornstein, dem großen
Bauherrn Ellingens, wurde dann das Liebfrauenmünster modernisiert, also barocki-
siert. Franz Joseph Roth, einer der genialsten Baumeister und Stukkateure in Franken,
gestaltete das Langhaus neu. Und 1749 wurde noch die Marienkapelle, an der Südseite
des Langhauses, gebaut. Leider wurde diese Ausgestaltung von Franz Joseph Roth
1876 zerstört. Neugotik war Trumpf und verschonte gerade noch die Marienkapelle.
Aber auch diese neugotische Ausstattung mußte wieder weichen – wieviel Kunstgut,
wieviel Schöpferisches mag eigentlich bei diesen, ohne Zweifel gutgemeinten »Re-
staurierungen« untergegangen sein? Heute betont die Pfarrkirche von Wolframs-
Eschenbach wieder das mittelalterliche Gesicht, ohne die Verbrämung der Gotik-Begeisterung des vergangenen Jahrhunderts. Eine Sehenswürdigkeit ist sie allemal ge-
blieben, nicht zuletzt auch wegen ihrer Ausstattung. Und das Ensemble Altes Rathaus,
Marienkapelle und Pfarrkirche, wie es unser Bild zeigt, zählt weiter zu den schönsten
Baugruppen der Wolfram-Stadt.

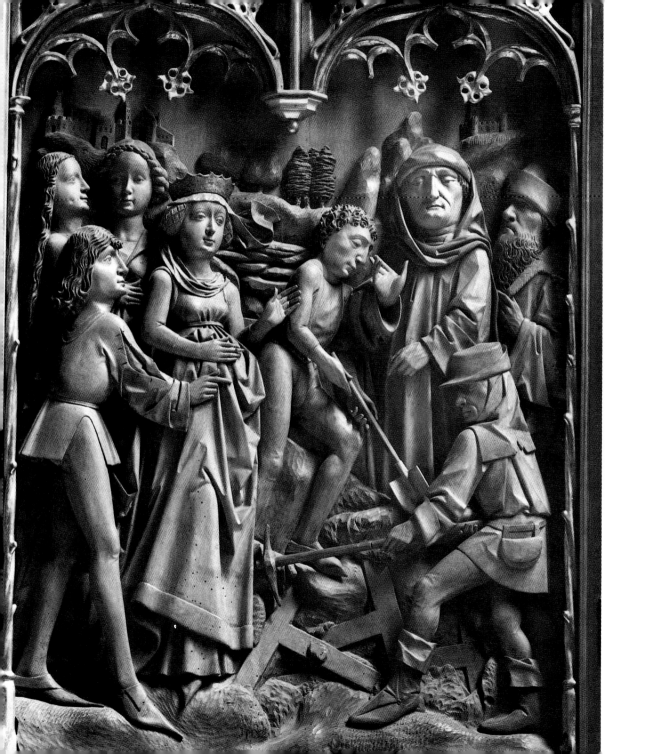

Trotz der tiefgreifenden Umgestaltungen, dreimal in drei Jahrhunderten, konnte die Pfarrkirche von Wolframs-Eschenbach viele Kunstwerke, vor allem der Spätgotik und des Barock, über alle Fährnisse und Geschmacksänderungen bewahren. Im Falle der beiden spätgotischen Altäre in den Seitenschiffen darf sogar von Neuzugängen, nämlich aus Kottingwörth, gesprochen werden. Daneben gibt es eine Reihe guter Holzplastiken des 15. und 16. Jahrhunderts, natürlich auch des Barock und Rokoko. Erwähnen wir noch den gotischen Taufstein des 14. Jahrhunderts.

Von den aus Kottingwörth gekommenen spätgotischen Altarteilen verdient vor allem der Schrein mit der Kreuzauffindung durch die hl. Helena Erwähnung, eine sensibel-grazile Arbeit, in der zarten Körperlichkeit noch gotischem Empfinden verhaftet. Nach der Legende zeigte der Levit Judas der Kaiserin, Mutter des Kaisers Konstantin, die nur ihm bekannte Stelle auf Golgatha, wo daraufhin drei Kreuze ausgegraben werden. Das wahre Kreuz Christi wird identifiziert, als es einen Toten zum Leben erweckt. Judas ließ sich nun taufen und wurde unter dem Namen Quiriacus Bischof von Jerusalem, wo er unter Julian Apostata den Märtyrertod erlitt.

Zwei Nachrichten aus dem 15. und 17. Jahrhundert ist es zu verdanken, daß das Grab des größten deutschen Ependichters, Wolfram von Eschenbach, für das Liebfrauenmünster bezeugt ist. 1462 berichtete Püterich von Reichertshausen: »Begraben und besargt hat man den Ritter fromm in Eschenbach, dem Markt, in unser lieben Frauen altem Dom.« Und der Nürnberger Patrizier Kreß von Kressenstein hielt das Grab Wolframs 1608 in einer Zeichnung fest, mitsamt der Inschrift: »Hie liegt der streng Ritter, Herr Wolfram von Eschenbach, ein Meistersinger«. Damit ist die Verbindung Wolframs zu dem nach ihm später benannten Wolframs-Eschenbach glaubhaft bezeugt, wenngleich die Bezeichnung »Meistersinger« hinweist, daß seine Grabinschrift lange nach dem Tode entstand, als Wolfram, bereits legendenhaft verklärt, als einer der 12 alten Meister, der Begründer des Meistergesanges galt. Die Lebensdaten Wolframs werden etwa 1170 – 1220 angesetzt. Er selbst spricht von seinen Beziehungen zu den Grafen zu Wertheim, die zu jener Zeit in Wolframs-Eschenbach begütert waren. Sein Hauptwerk ist der »Parzival«, dann der »Willehalm«, schließlich das späte Titurel-Fragment. Als Minnesänger ist er weit weniger in Erscheinung getreten; nur sieben echte Lieder, dazu ohne Melodien, sind greifbar. Die berühmte Manessische Liederhandschrift zeigt den Epiker und Dichterkomponisten zum Turnier gerüstet. Nicht weniger als viermal erscheinen die beiden silbernen Beile im roten Feld als Wappen: auf seinem Schild, als Helmzier, auf der Fahne und auf der Kuvertüre des Pferdes, das von einem zarten Knappen gehalten wird.

»Sieben verschiedene Herrschaften« – Mitteleschenbach

Auch Mitteleschenbach, etwa Hechlingen vergleichbar, war ein Spiegel der Zerrissenheit des Alten Reiches. »72 Häuser zu 7 verschiedenen Herrschaften gehörig, 2 bischöfliche Wirtshäuser, die aber so arm sind, daß weder Bier noch Wein, nicht einmal Hafer zu finden ist und niemand einkehren kann«, schrieb der Generalvikar Priefer 1601. Ansbach kontra Eichstätt, also Markgraf gegen Fürstbischof, hieß hier im wesentlichen die Devise, wobei sich die Hohenzollern über die Jahrhunderte langsam und zäh voranarbeiteten. 1796 schließlich mußte Mitteleschenbach unter Hardenberg doch noch die Herrschaft des (preußischen) schwarzen Adlers hinnehmen.

Wer weiß, daß mit dieser Ortsgeschichte auch einiges Elend verbunden war, wird sich wundern, daß die beiden Kirchen von Mitteleschenbach, die interessante Walburgiskirche auf der Höhe und die Pfarrkirche St. Nikolaus im Ort selbst, wertvolles Kunstgut bewahren konnten. So besitzt die Nikolauskirche eine sehr schöne barocke Apostelreihe, darunter den hl. Matthias mit dem Beil. Zu ihnen gehört auch eine imponierende Darstellung des Herrschers und Erlösers Christus.

Neben drei Figuren des Hochaltars der Nikolauskirche, Bartholomäus, Margareta und Nikolaus, früher in Thannhausen, zählt eine kleine Beweinungsgruppe zum wertvollsten Bestand an spätgotischen Kunstwerken. Sie zeigt die Gottesmutter mit dem Leichnam Christi, flankiert von Johannes und Magdalena mit dem Salbengefäß, und wird gegen 1520 datiert.

Den Kennern der markgräflichen Geschichte ist Haundorf als der Ort vertraut, wo der »Unterofficier . . . Johann Wilhelm Falck« mit der »Mutter Elisabeth Wünschin« den Sohn Friedrich Carl taufen ließ, der in Georgenthal am 20. Oktober 1734 zur Welt gekommen war. Jener Unteroffizier war der Markgraf Carl Wilhelm Friedrich, Schwager Friedrichs des Großen. Friedrich Carl aber wurde ein Falkenhausen – Frucht der Liebesehe des Markgrafen, mit seinem Name Zeuge der Liebe zur Beizjagd seines markgräflichen Vaters. Georgenthal, das Domizil jener kleinen Falkenhausen-Familie, lag nahe bei Haundorf, in dessen Kirche die Hohenzollernsprosse zur linken Hand getauft wurden. Es wäre aber zu wenig, wollte man damit die Geschichte Haundorfs abtun, dessen Kirchenbücher das Geheimnis des vorletzten Ansbacher Markgrafen enthüllen. Zumindest die einst dem hl. Wolfgang geweihte Kirche verdient Beachtung, vor allem mit dem schönen Altar von 1706, der einen mitreißenden Gottvater mit Weltkugel und zwei Putten zeigt, eine hervorragende Arbeit des Ansbacher Hofbildhauers Giuseppe Volpini. Sie entstand, als »die dasige Kirche von innen und aussen größten theils erneuert . . .« Fast scheint es, als ob sich die Dramatik des italienischen Künstlers mit dem Haundorfer Gott Vater von der Nüchternheit lutherisch-ansbachischer Sakralkunst doch etwas entfernt.

Und noch einmal: die Haundorfer Pfarrkirche

Trotz des Volpini-Altares mit dem dynamischen Gott Vater kann die Haundorfer Kirche ihren mittelalterlichen Ursprung nicht verleugnen. Sie ist als einheitlicher Bau gegen 1449 entstanden. Natürlich erfuhr sie im Renovierungsjahr 1706 einige Veränderungen, so bei der Aufstockung des Turmes um seinen achteckigen Aufsatz oder der Gestaltung des Langhauses. Vor allem zeigt der quadratische Ostchor gekehlte, gotische Steinrippen. Nach dem Zweiten Weltkrieg wurden hier beachtenswerte, spätmittelalterliche Fresken freigelegt, die unter anderem die Evangelistensymbole zeigen. Tragen wir noch nach, daß die einstige Wolfgangkirche von einem stimmungsvollen Friedhof umgeben ist, der mit Gotteshaus und Landschaft zu einem harmonischen Ensemble zusammenwachsen konnte.

Am Oberlauf der Altmühl –
die Weiherlandschaft des Keuperlandes

Oberhalb von Gunzenhausen, wo sich die Altmühl in einer weiten, oft überschwemm-
ten Talaue bei nur sehr geringem Gefälle dahinbewegt, steigt auch randlich das Gelände erst allmählich an. Denn der Burgsandstein des mittleren Keuper weist bei weitem
nicht die Festigkeit und Härte auf, wie sie der Altmühl etwa 30 km weiter flußabwärts
bei ihrem Eintritt in die Frankenalb mit den hoch aufragenden, aus Kalkstein aufgebau-
ten Talflanken begegnet. Auch das Grün der Wälder ist ein anderes. Treffen wir auf dem
Jura das helle Grün der kalkliebenden, im Winter ihre Blätter abwerfenden Laubwälder,
so erblicken wir im Keuperland das dunkle Grün der auf sandigem Untergrund gut gedeihenden, immergrünen Nadelwälder. Da die Sandsteinböden des Keuperberglandes
nur von sehr geringer Ertragskraft sind, mußten sich die Menschen dort nach weiteren
Erwerbsmöglichkeiten umsehen. Hierfür wirkte sich der Umstand günstig aus, daß von
den über 500 m hohen Keuperbergen zahlreiche wasserreiche Bäche in eingetieften
Tälern dem Altmühlgrund zustreben. Wie es etwa 3 km nördlich von Gunzenhausen mit
der Anlage des hier abgebildeten Eichenberger Weihers der Fall war, errichtete man
auch andernorts Dämme zwischen den Burgsandsteinhöhen, um Weiher aufzustauen.
Insbesondere geistliche Grundherrschaften wie Klöster und das Hochstift Eichstätt
hatten die Teichwirtschaft gefördert. In den letzten Jahrzehnten hat die Fischzucht hier
noch weiter an Bedeutung gewonnen. Während der Altmühlgrund wegen der Weite
des Tales und der jährlichen Überschwemmungen für die Anlage von Fischteichen
nicht in Frage kommen konnte, entstand so nördlich der Altmühl eine Landschaft, in der
das Nebeneinander dunkler Nadelwaldrücken immer wieder von lieblichen Tälern
unterbrochen wird, in denen die blau erstrahlenden Wasserflächen der Weiher mit
ihrer Vielfalt an Wasservögeln eine echte Bereicherung darstellen.

Die Störche –
gern gesehene, selten gewordene Gäste im Altmühltal

Jedes Frühjahr wird von den Bewohnern derjenigen Altmühldörfer, in denen es Storchennester gibt, auf die Rückkehr der Weißstörche aus ihren fernen Winterquartieren in Afrika gewartet. Zuerst kommen die Männchen. Sie besetzen die Horste und warten auf die einige Tage später nachkommenden Weibchen. Vor allem für die Schulkinder ist es ein Erlebnis, diesen Riesenvögeln zuzusehen, wenn sie aufgrund irgendeiner starken Erregtheit mit weit zurückgeworfenem Kopf durch Aufeinanderschlagen beider Schnabelhälften ihr lautes Klappern ertönen lassen. Gemeinsam bessert das Storchenpaar zunächst das Nest aus, in das gewöhnlich drei bis vier Eier gelegt werden. Für einen Monat kehrt dann etwas Ruhe ein im Horst. Es ist Brutzeit. Männchen und Weibchen wechseln sich beim Brüten ab. Sind die Jungstörche ausgeschlüpft, ist ein unermüdliches Auffliegen und Wiederankommen der Storcheneltern zu beobachten. Die elterliche Aufgabe besteht nun im Herbeischaffen ausreichender Nahrung. Hierbei kommt den Überschwemmungsgebieten der oberen Altmühl besondere Bedeutung zu. Bei dortigen wasserwirtschaftlichen Eingriffen ist daher sorgfältig darauf zu achten, daß die Bereiche, in denen Regenwürmer, Insekten, Fische und vor allem Frösche ihren Lebensraum haben, nicht verkleinert werden bzw. daß man Ersatzflächen schafft, wie es beim Brombachspeicherprojekt durch Anlegen einer eigenen Inselzone für selten gewordene Vogelarten geschehen ist. Kaum sind die Jungstörche nach etwa 10 Wochen so weit, daß sie ihre Flügel zur vollen Spannweite von fast zwei Metern für erste Flugübungen entfalten können, kommt eine neue Gefahr auf sie zu: die Verdrahtung der Landschaft. So mancher Jungstorch kehrt nicht zum Horst zurück, da ihm eine Hochspannungsleitung zum Verhängnis geworden ist. So muß man es vor allem Maßnahmen des Menschen zuschreiben, wenn die Zahl der regelmäßig besetzten Horste in den letzten hundert Jahren immer mehr abgenommen hat. Man kann nur hoffen, daß ein verändertes Umweltbewußtsein auch für Meister Adebar in Zukunft bessere Zeiten bringen wird.

Und noch eine andere Landmacht: das oettingische Gnotzheim

War bisher von den Landmächten des Alten Reiches im altmühlfränkischen Raum die Rede, erklang der Begriff der Reichsritterschaft Ritterkantons Altmühl, des Deutschordens, der Markgrafen, des Bischofs von Eichstätt und nun, in Gnotzheim, treffen wir auf die Grafen von Oettingen, einstmals zu den mächtigsten Grundherren des Landes gehörig. Sie konnten als Riesgrafen Gnotzheim und Spielberg wohl schon im 14. Jahrhundert in ihren Besitz bringen. Die Oettingen auch haben den Ort, der unter ihnen katholisch blieb, geprägt und ein eigenes Gesicht gegeben. Dies gilt für die gut ausgestattete Pfarrkirche St. Michael ebenso wie die von Franz von Gabrieli aus einem Guß geschaffene (auch wenn andere die Vollendung betreiben mußten) Georgskirche, die vom architektonischen Anspruch und von der Innengestaltung her über dem Durchschnitt vergleichbarer Kirchenbauten steht.

Aus der Ausstattung der Pfarrkirche St. Michael ragt der Tabernakelengel hervor, der 1727 gestiftet wurde und in Beschwingtheit und Eleganz seinesgleichen sucht.

Von Spielberg bietet sich eine herrliche Aussicht bis zum Altmühltal. Im Vordergrund Gnotzheim mit den das Ortsbild beherrschenden Michaels- und Georgskirchen.

Eine Sehenswürdigkeit für sich stellt das Denkmal für den hl. Johannes von Nepomuk dar, eine fast die Möglichkeiten des schweren Gesteins überspielende Arbeit des Rokoko. Der einstige Generalvikar des Erzbischofs von Prag mußte 1393 wegen der Wahrung des Beichtgeheimnisses gewaltsam sterben. 1729 erfolgte seine Heiligsprechung, womit auch eine Hilfe zur Datierung der Gnotzheimer Anlage gegeben ist. Johannes Nepomuk gehörte in der Folge zu den beliebtesten Heiligen des katholischen Franken.

Römisches aus Gnotzheim

Wer die Pfarrkirche von Gnotzheim umschreitet, findet, in die Außenmauer eingelassen, eine römische Inschrift. Sie weist darauf hin, wer hier lag, nämlich die Cohors III Thracum civium Romanorum equitata bis torquata, wie die unterste Textzeile ausweist. Dazu gehörte natürlich ein Kastell, das im Flurstück »Die Weil« lag und Mediana hieß. Es könnte erstmals gegen 90 n.Chr. errichtet worden sein. Für das Jahr 144 ist dann der Ausbau des Kastells in Stein bezeugt. Wie viele andere römische Einrichtungen des Weißenburg-Gunzenhäuser Raumes ist es bei den Alamannenstürmen zerstört worden. Es ging ebenso zugrunde wie andere benachbarte Kastelle, die unter Antonius Pius ihren Steinausbau erfuhren.

Ein Wahrzeichen Altmühlfrankens: Spielberg

Am Nordrand des Hahnenkamms, auf einer vorgeschobenen Kuppe, liegt, weithin sichtbar, das Schloß Spielberg, Wahrzeichen des Raumes, vom Altmühl- und vom Wörnitzgrund gleichermaßen landschaftsbeherrschend wahrzunehmen. Die hochmittelalterliche Geschichte von Spielberg ist noch wenig geklärt, obwohl im Südwesten der heutigen Burganlage eine Turmhügelburg gestanden haben dürfte, wie es das Gelände noch deutlich ausweist. Ohne Zweifel gehörte Spielberg über Jahrhunderte in den Machtbereich der Grafen von Truhendingen, bis es schließlich an die Oettingen kam. Dann wurde es Sitz einer der Hauptlinien des uralten Hauses, nämlich der 1734 in den Reichsfürstenstand erhobenen Oettingen-Spielberg. Im Besitz der Familie findet sich die Burg Spielberg noch heute, auch wenn die landeshoheitlichen Rechte schon 1797 an Preußen, danach, wie im gesamten Raum, an das frischgebackene Königreich Bayern gingen.

Kristallklar stellt sich Spielberg aus der Luft dar. Der Wohntrakt beherrscht weitgehend die Gesamtsilhouette. In ihm befindet sich auch die Kapelle. Der Glockenturm steht an der Ostseite des Berings.

Auch Spielberg darf sich einer Nepomukdarstellung rühmen, die ebenfalls dem Rokoko zugehört. Etwas tiefer ist der Standort einer älteren befestigten Anlage (markiert durch die Baumgruppe) anzunehmen.

Die Schloßkapelle kann eine gute Ausstattung des Rokoko vorweisen. Die Kanzel zeigt an ihrem Korpus die drei göttlichen Tugenden, wovon besonders die »Liebe« mit zarter Eleganz dargestellt worden ist.

Der Hesselberg – ein Zeugenberg zwischen Wörnitz und Altmühl

Eindrucksvoll erhebt sich der 689 m hohe Hesselberg aus der 260 m tiefer liegenden Wörnitzniederung. Mit 6 km Länge und etwa 1 km Breite bildet dieses markante Bergmassiv mit seinen drei plateauartigen Einzelgipfeln, von denen hier vom 12 km entfernten Spielberg aus zwei zu sehen sind, den nördlichen Abschluß des Rieses, von dessen Rand der Hesselberg etwa 10 km entfernt ist. Ebenso wie andere Zeugenberge (z.B. Flüglinger Berg und Trommetsheimer Berg, die 5–7 km vom Albrand entfernt liegen) legt der Hesselberg Zeugnis ab für das ursprüngliche Zusammenhängen mit dem Albkörper. Das Entstehen solcher Berge steht in engem Zusammenhang mit der Ausbildung der Fränkisch-Schwäbischen Schichtstufenlandschaft: Im Erdmittelalter, vor 225 – 65 Millionen Jahren, war die alte Landoberfläche zwischen Schwarzwald und Bayerischem Wald immer wieder von Meeren unterschiedlicher Ausprägung bedeckt, wobei durch Ablagerung als Gesteinsschichten teils harte Gesteine wie Sandstein oder Kalk, teils weiche Tone entstanden. Nach Hebung und leichter Schrägstellung dieser Schichten kam es zu verstärkter Abtragung und damit zur Ausbildung von Stufenrändern, wobei den Abtragungsvorgängen während der Eiszeiten (in denen unsere Gegend ja nicht vergletschert war) besondere Bedeutung zukam. Typisch ist dabei, daß im Bereich weicher Gesteine flach geneigte Terrassen entstanden, bei härteren Gesteinen jedoch Steilhänge (Stufen). Die Herauspräparierung von Zeugenbergen erfolgte schließlich durch die Abtragungsarbeit der Flüsse seit dem jüngeren Tertiär. Deren Erosionskraft ist dafür verantwortlich, daß das über 200 m mächtige Gesteinsmaterial zwischen Albkörper und Zeugenberg auf einer Breite von 6 – 10 km forttransportiert wurde. Zu ähnlichen Abtragungsleistungen war es auch östlich und westlich des Hesselberges gekommen, so daß hier heute ein Inselberg emporragt, der die gleiche Folge von Gesteinsschichten wie der Albtrauf aufweist: Das Fundament bilden Keupersandsteine, auf denen zunächst die Schichten des Schwarzen Jura (Lias) mit Mergeln und dem fossilreichen Posidonienschiefer ruhen. Sanft ansteigend ist auch noch der über 50 m mächtige Opalinuston, auf dem sich die Steilstufe des Eisensandsteins erhebt. Bei ca. 600 m Höhe bildet darüber der Ornatenton zusammen mit dem unteren Mergelkalk (Dogger Zeta und Malm Alpha) eine Verflachung, auf welcher die Evangelische Volkshochschule steht. Als letzte Steilstufe finden wir gebankte Kalke, die bis zum Malm Gamma reichen. Hier fanden etwaige Angreifer nochmals ein natürliches Hindernis, das Angriffspläne vereiteln konnte.

Ostheim und die Rechenberg

In die Zeit der fränkischen Landnahme reicht die Geschichte von Ostheim zurück, königliche Bauern bestimmten seine Entwicklung. Im 12. Jahrhundert erscheint ein gleichnamiges Ortsadelsgeschlecht. Dann aber treten die Rechenberg (gelegentlich auch Rechberg genannt) auf den Plan, die sich ein beachtliches Herrschaftsgebiet aufbauten, das ihnen König Sigismund als Reichslehen bestätigte.

Eine Sehenswürdigkeit für sich stellt die Kirche von Ostheim dar, einstmals der Gottesmutter geweiht. Sie grüßt weithin durch ihre farbige Ziegelbedachung des Turmes. Unverkennbar ist die mittelalterliche Substanz des kraftvoll wirkenden Baues, der freilich spätere Zu- und Umbauten erfahren mußte.

1898 wurden durch Pfarrer Stark im Chor wertvolle spätgotische Fresken entdeckt, die dann bis 1901 einer umfassenden Restaurierung unterzogen wurden. Der Hauptteil der Fresken bringt die vier Kirchenväter, Gregor, Ambrosius, Hieronymus und Augustinus, die Apostel Thomas, Jakobus, Petrus, Johannes, Andreas, Paulus, Jakobus minor und Matthias. Außerdem werden die vier Evangelistensymbole für Matthäus, Johannes, Markus und Lukas gezeigt. Interessant sind auch am Chorbogen (hier nur im Ausschnitt am oberen Bildrand) die klugen und törichten Jungfrauen. Optisch tritt ein Mäandermotiv sehr stark in Erscheinung. Insgesamt bieten die Ostheimer Fresken ein geschlossenes Ensemble spätgotischer Ausmalung, das die Farbigkeit der alten Kirche trefflich illustriert, wobei nicht verschwiegen werden soll, daß die Restaurierung von der Jahrhundertwende nicht unumstritten ist.

Einen anderen großen Schatz der Ostheimer Kirche stellen die Epitaphien der Rechenberger dar, die einen großartigen Querschnitt durch die Kunst Loy Herings, seiner Werkstatt und seiner Nachfolger geben. Wir zeigen das Epitaph des 1578 (also lange nach dem Tode Herings) verstorbenen Ernst von Rechenberg und seiner Gemahlin Sabina. Beide werden umgeben von den zahlreichen Wappen der stolzen, reichsritterschaftlichen Ahnenprobe. Über dem verblichenen Rechenberg-Paar ist der Gnadenstuhl zu sehen.

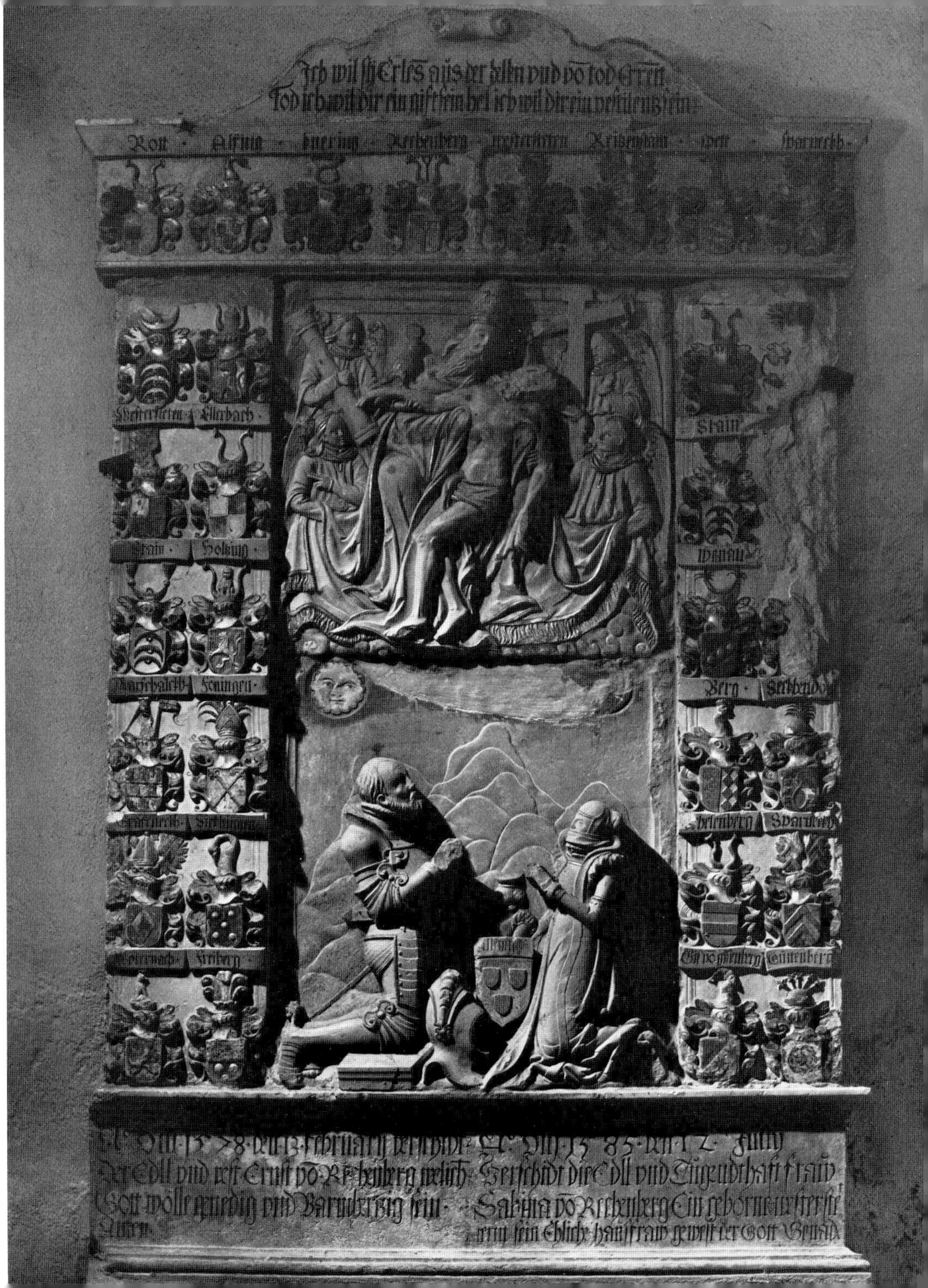

Hohentrüdingen und sein Umland

»Die Lage des Oberamts Hohentrüdingen ist in einer Gegend, welche mehrenteils hohe Berge und Thäler in sich faßt; nur in dem Distrikt wo dasselbe an die Wörnitz und Altmühlflüsse gränzet, finden sich schöne Ebenen und Wiesengründe. Der Erdboden ist von mancherlei Farbe, meist aber von besonderer Güte . . . Im Wörnitz und Altmühlgrund sieht man die futterreichsten Wiesen; trift diese aber auch noch in anderen Gegenden des hohentrüdinger Oberamts, besonders in denen zwischen den Bergen befindlichen mit Bächen und den reinsten Quellen gesegneten Thälern an . . Da die Felder in dieser Gegend mehrentheils an Anhöhen und Bergen gelegen sind, und der Landmann des steinigten Bodens wegen die Pferde zu seinem Anspann besser gebrauchen kann, als Ochsen; so gewinnet dadurch die Pferdezucht besonders.« So urteilte Johann Bernhard Fischer vor 200 Jahren, in Bewunderung vor der Schönheit der altmühlfränkischen Landschaft, natürlich auch des großartigen Panoramas vom Wörnitztal hinauf.

Der hl. Willibald, erster Diözesanheiliger Eichstätts, wurde um 700 in England geboren. Von 720–729 pilgerte er nach Rom, in das heilige Land und nach Byzanz. 730 war er Mönch in Montecassino. Neun Jahre später schickte ihn der Papst zur Unterstützung des Angelsachsen Bonifatius nach Deutschland. 741 wurde er erster Bischof von Eichstätt und begann ein umfassendes Missionswerk, dessen wichtiger Stützpunkt das 752 gegründete Familienkloster Heidenheim war. Dort wirkte als erster Abt sein Bruder Wunibald, der einen wesentlichen Teil des Lebensweges Willibalds teilte. Wunibald starb bereits 761 in Heidenheim. Ihm folgte als Äbtissin seine und Willibalds Schwester Walburga, die mit Lioba und anderen Gefährtinnen ebenfalls dem Ruf des Bonifatius gefolgt war. Sie starb nach segensreichem Wirken 779, während der bischöfliche Bruder Willibald erst 787 das Zeitliche segnete. Mit diesen drei Heiligen beginnt die Geschichte Heidenheims, aber auch die der Diözese Eichstätt. Bleibt zu erwähnen, daß auf manchen Altären des Eichstätter Bistums noch ein vierter Heiliger erscheint: Richard, König und Vater von Willibald, Wunibald und Walburga. Er war auf der Wallfahrt nach Rom verstorben und fand seine Ruhestätte in der Kirche San Frediano von Lucca. Vermählt war er mit Wunna, der Mutter der drei heiligen Geschwister.

Der Blick aus dem spätgotischen Kreuzgang des Heidenheimer Klosters führt zu den Türmen, die zwar 1859–1867 abgetragen werden mußten, dann aber wiedererstanden und das Wahrzeichen Heidenheims bilden.

Das berühmte Kloster Heidenheim, Familienkloster der Willibald, Wunibald und Walburga, konnte nichts Greifbares an Bauresten des 8. Jahrhunderts in die Gegenwart retten, es sei denn, das englische Königswappen, welches an die Abstammung der drei heiligen Geschwister und ihres Vaters Richard erinnern soll. Der heute zu sehende Bau des Münsters von Heidenheim ist in wesentlichen Teilen ein Werk der zweiten Hälfte des 12. Jahrhunderts, als das Kloster wieder neu aktiviert wurde, unter tätiger Mithilfe des Eichstätter Bischofs und der Berufung von Benediktinermönchen aus Bamberg (Michelsberg), Banz und Kastl. Die Zeiten eines losen Chorherrenstiftes waren vorbei, hirsauische Disziplin wurde Zeichen des Neubeginns. So entstand auch in dieser neuen Bautradition eine dreischiffige Pfeilerbasilika, von der Lang- und Querhaus erhalten sind. Das 14. Jahrhundert brachte den gotischen Chorneubau, dessen Ausstattung vornehmlich Werk des folgenden Jahrhunderts war, wie etwa die Wunibaldstumba von 1483 unter der Vierung. Einer der größten Bauherren war der Abt Wilhelm von Vestenberg. Gegen Ende des 15. Jahrhunderts war der Gesamtkomplex abgeschlossen. Die markgräfliche Zeit brachte, wie so oft, eine »Kirchenreparatur« 1727, dazu eine Anpassung der Klostergebäude an die Bedürfnisse der Zeit; nicht zuletzt als Reisestation der Markgrafen. Bleibt nachzutragen, daß in den sechziger Jahren des 19. Jahrhunderts die Türme abgetragen und neugebaut werden mußten. Eine Innenrestaurierung schloß sich an. Unter dem hochverdienten Dekan Hans Kurt Franz, der sein Heidenheimer Amt 1961 antrat, wurde dann eine umfassende Restaurierung des großen Geschichtsdenkmals auf dem Hahnenkamm begonnen, die beispielhaften Rückgewinn brachte, getragen von der Überzeugung, daß Vorreformatorisches, die alte Kirche, ebenso zur fränkischen Glaubensgeschichte gehören wie die Leistungen der Reformation, die weite Teile Frankens unverwechselbar geprägt hat. Und es klingt auch bei Dekan Franz Oekumenisches an, wenn er meint: »Die historisch so wertvolle Klosteranlage mit ihrem Kreuzgang und das romanische Münster werden immer als Anziehungspunkte und Orte einer besinnlichen Einkehr erholungssuchende und kunstliebende Menschen aus nah und fern einladen.«

Zu den besinnlichsten Stätten des Heidenheimer Münsters gehört die Grabkapelle der hl. Walpurga aus dem frühen 13. Jahrhundert. Ihre Grabplatte ist 1484 datiert. Ob sie damals noch Reliquien barg, oder als Erinnerungsmal, Kenotaph, zu verstehen ist, muß offenbleiben.

Der Kreuzgang – Seele eines Benediktinerklosters

Wer den Kreuzgang von Heidenheim vor etlichen Jahren gesehen hat, wird tief beeindruckt sein von der Leistung, die erbracht worden ist, um dieses Zeugnis der Spätgotik wieder in einen würdigen Zustand zurückzuverwandeln. Wahrscheinlich wurde er unter Abt Wilhelm von Vestenberg begonnen und, nach einem Grabungsbefund, wohl nach 1480 vollendet. Bei der Restaurierung wurde viel Störendes entfernt, nicht zuletzt auch manche Spuren des 18. Jahrhunderts. Vielleicht werden dazu manche meinen, ob sich solche Unternehmen lohnen. Nun muß man aber wissen, daß der Kreuzgang architektonisch und funktionsmäßig der Mittelpunkt eines Klosters ist, als Zentrum der Klausur und des mönchischen Lebens, als eigene Stätte der Meditation (weshalb reiche Klöster in ihren Kreuzgang-Kapitellen komplizierte theologische Programme entwickelt haben). Auch in diesem Sinne ist die Restaurierung des Kreuzganges von Heidenheim ein Rückgewinn, gerade für die Zeit der Lauten, Unruhigen, Gehetzten. Auf der Ostseite des Kreuzganges, nur wenige Meter entfernt, befindet sich übrigens der Heidenbrunnen, an dem der hl. Wunibald getauft haben soll. Er ist überwölbt von einer feinen spätgotischen Halle, die ein architektonisches Unikum im weiten Umkreis darstellt – alleine Grund, die ehrwürdige Stätte frühen Christentums auf dem Hahnenkamm aufzusuchen.

Die Grafen von Truhendingen

Zu den beeindruckendsten Grabsteinen der Klosterkirche von Heidenheim zählt der des Grafen Ulrich von Truhendingen (gestorben 1310) und seiner Gemahlin. Mit ihnen wird eines der mächtigsten Geschlechter des Raumes um den Hahnenkamm greifbar, das im 12. Jahrhundert, nach Wiedererstehen des Klosters Heidenheim, die Vogtei darüber erhalten hatte. Die Truhendinger, seit 1265 Grafen, verfügten im 12. und 13. Jahrhundert über ein beachtliches Herrschaftsgebiet um den Hahnenkamm. Sie bevogteten Besitzungen von Fulda-Solnhofen, Eichstätt und Ellwangen. Die Burg Hohentrüdingen darf als ihr Hauptsitz betrachtet werden. Weit in den fränkischen Raum hinaus waren sie begütert. Im 14. Jahrhundert setzte ihr Niedergang ein; Anfang des 15. Jahrhunderts erlosch das einst mächtige Geschlecht. Wichtige Teile ihres Besitzes, etwa Colmberg, kamen an die Hohenzollern und bildeten entscheidende Bausteine beim Aufbau einer neuen fränkischen Landmacht.

Es wird erstaunen, daß gerade unser Wissen über eines der Urklöster des Frankenlandes sehr begrenzt ist, nicht einmal über die Äbte zusammenhängende Informationen vorliegen. Immerhin läßt sich folgende Reihe darstellen:

Wunibald, 751–761
Walburga, 761–779
Adelbert I. (von Michelfeld), etwa 1152–1163
Adelbert II., etwa 1163–1180
Stephan, 1180
Burchard, 1249–1283
Ulrich I. von Wittenau, 1283–1301
Rainhard, 1301–1323
Ulrich II., 1323–1343
Siegfried, 1343–1354
Konrad von Burgau, 1354–1372
Hermann der Blöß, 1372–1393
Ulrich III von Mittelberg, 1393–1417
Albert Pflant (erhielt die Mitra), 1417–1428
Wilhelm von Vestenberg, 1428–1446
Eberhard von Mulfingen (Müllinger), 1445–1482
Peter Hagen, 1482–1500
Christoph Modschiedler, vulgo Mundscheller, 1500–1528.
Er resignierte 1529, starb 1530. Ansbach setzte dann als Titularabt Balthasar Rösner ein, der seinerseits 1537 resignierte. Das Kloster hatte endgültig aufgehört zu bestehen.
Für den baufreudigen Abt Wilhelm von Vestenberg wurde das aufwendigste Epitaph von drei Metern Höhe errichtet. Der Verstorbene wird in Lebensgröße gezeigt, dann aber auch verkleinert vor dem Erbärmdechristus. Über ihm das Klosterwappen, unten das Wappen der Vestenberg.
Beim Epitaph des Abtes Albert Pflant dürfte mit »Mayster Stenglen von Nordlingen« sogar der ausführende Künstler bekannt sein.
Eine Konsole mit Brackenkopf zeigt noch einmal das Wappen der Vestenberg.
Zu den erst jüngst dem Verfall entrissenen Häusern Heidenheims gehört der gute Fachwerkbau der »Alten Kaplanei«.

CONTINET HIC TVMVLVS PARVVM PARVA MEMBRA GEORGII AGRICOLÆ CELSI MENS TENET ASTRA POLI.

OBIER DEO GOT GNAD ANNO 1591 DEN 30 AUGUSTI STARB GEORG B V K DER TAG

Gott ist der Rechte vatter vber alle / da da kind: sey es im himel vnd auff Erden vnd der heilige geist wircket in Jnen da sie noch in Mutter leib BAPTISSIMO FLAMINIS das ist mit der Tauff des heiligen geistes getauft werden

Kinderepitaphien in Heidenheim

Das Heidenheimer Münster, Hort wichtiger Kunstwerke, besitzt auch eine Reihe von Epitaphien, die weniger die Aufmerksamkeit der Besucher finden, darunter einige für Kinder der Familie Baur (oder Agricola). Insgesamt sind es drei, von denen zwei hier abgebildet sind. Das linke gehört dem kleinen Georg, der 1591 verstarb. Unten prangt das Familienwappen, genau wie auf dem benachbarten Epitaph, das ein gewickeltes Kind zeigt, dessen Namen nicht genannt wird, und das »mit der Tauff des heiligen geistes getaufft worden«, der in ihnen wirkt, »da sie noch In Mutterleib.« Ein zugleich rührendes und auch interessantes Zeugnis der Frömmigkeit an der Wende vom 16. zum 17. Jahrhundert!

Vom mächtigen Geschlecht der Grafen von Truhendingen war bereits die Rede, auch von ihrem Hauptsitz, der Burg von Hohentrüdingen, deren Bergfried (nebst der späteren Kirchturmspitze) auch heute noch hoch über dem Wörnitztal aufragt und zu den Wahrzeichen zwischen Hesselberg und Auhausen gehört. Dies, obwohl der heutige Burgrest nur noch einen Abglanz der einst größten Burganlage im Hahnenkammgebiet und darüber hinaus darstellt. Vielleicht war hier sogar Wolfram von Eschenbach zu Gast, der in seinem Parzival die »Truhendinger Pfanne« besingt. Dabei sollte er nicht das wohl ältere, aber bescheidene Altentrüdingen im Tal, oder Wassertrüdingen, die spätere Oberamtsstadt, gemeint haben, sondern das stattliche Hohentrüdingen mit seiner gastlichen Hofhaltung. Und es gehörte ein großzügiges und spendables Haus dazu, um die oft existentiell erbärmlich auf gute Gastgeber angewiesenen Minnesänger zu bewirten, die häufig zu Hause nicht sehr viel besaßen. 1404 gelangte Hohentrüdingen an die Nürnberger Burggrafen, die sich über ein Jahrzehnt später bereits Markgrafen zu Brandenburg nennen durften. Zollerisch blieb dann Hohentrüdingen, offiziell Sitz eines ansbachischen Oberamtmanns. Der Verfall der Burg selbst war aber nicht aufzuhalten; 1812, in bayerischer Zeit, kam der Abbruch, mit Ausnahme des Bergfrieds. Erwähnen wir noch, daß in Hohentrüdingen Friedrich Johann Carl von Cronegk bestattet ist, einer aus der illustren Reihe der »Amt- und Ober-Amtmänner« von Hohentrüdingen, unter denen sich Mitglieder der Familien der Seckendorff, Lentersheim, Hohenlohe, Lichtenstein, Knöringen, Stein, Crailsheim und Künsperg befinden. Friedrich Johann Carl von Cronegk, zunächst Kommandeur des markgräflichen Grenadier-Leibbataillons, später des »fränkischen Kreises Generalfeldmarschall« war der Vater des Dichters Johann Friedrich von Cronegk, eines Anakreontikers und Dramatikers, der die Liebe Uzens und den Respekt Lessings genoß.

Hechlingen und seine Katharinenkapelle

Über die Geschichte von Hechlingen berichten, heißt eigentlich, den territorialen Flekkerlteppich des Alten Reiches am Beispiel des kleinen Gemeinwesens Hechlingen darzustellen. Martin Winter schreibt, daß von den 94 Häusern im Jahre 1525 »36 nach Oettingen, 20 dem Markgrafen, 17 dem Kloster Heidenheim, 4 dem Kloster Auhausen, 8 der Pfarrpfründe Hechlingen, 1 dem Deutschen Orden, 3 dem Hechlinger Heiligen (Kirchenstiftung),3 dem Heidenheimer Heiligen und 2 nach Pappenheim« gehörten. Komplizierter ging es kaum, auch wenn später, nach der Reformation manches Haus noch ansbachisch wurde. Zwei Kontrahenten blieben: die Grafen von Oettingen und der Markgraf von Ansbach. Ihr Streit loderte selbst im Zeitalter des Rokoko, zum Nachteil der Hechlinger und ihrer Habe. Und vielleicht ist diesem Dualismus im Ort das Schicksal der Katharinenkapelle zu »verdanken«, die in landschaftsbeherrschender Lage, wenn auch außerhalb des Ortes, dennoch zum Wahrzeichen Hechlingens geworden ist. Gottfried Stieber schreibt fast ungerührt: ». . . ersagte† Catharina geweyhete Capelle . . . dahin in denen Zeiten vor der Reformation grosse und häufige Wallfahrten geschahen, auch noch öffters von vorbey reisenden Römisch-Catholischen Personen einiges Opfer-Geld in einen in der Mauer befindlichen hohlen Stein geleget zu werden pfleget. Dieses Gebäude wurde noch bis eine geraume Zeit in diesem Jahrhundert am Dach und Gemäuer unversehrt erhalten, vor noch nicht langen Jahren aber größten theils abgebrochen, und Balcken, Steine und Ziegel von denen Einwohnern in ihre Gebäude mit verwendet, daß also nun nichts mehr davon zu sehen, als die vordere Mauer und einige Ruinen von Seiten-Wänden, nebst einigen an solche gemahlten, aber nicht mehr recht kennbaren Figuren, das übrige aber alles in Schutt verwandelt worden.« Nun, die Nachwelt, die königlich-bayerische, hat den Rest der Katharinenkapelle gerettet. Immerhin stammt sie aus dem 15. Jahrhundert, und die Wallfahrt zu einem der drei heiligen Mädchen des fränkischen Heiligenhimmels hat ja auch einmal etwas gegolten.

Eine neue Perspektive für den Fremdenverkehr: der Hahnenkammsee

Nach sechs Jahren des Planens und Bauens war es am 1. Juli 1977 soweit gewesen. Der Hahnenkammsee war geflutet worden. Südlich von Hechlingen, im Tal der Rohrach, wo die Wiesen zwischen Haselmühle und Stahlmühle oft vernäßt waren, hatte man einen See mit einer Wasserfläche von 23 ha geschaffen. Warum war das geschehen? Von seiten der Behörden hatte man, auch im Zusammenhang mit der geplanten Flurbereinigung erkannt, daß der Hahnenkamm infolge moderner wirtschaftlicher Entwicklungen zu einem Problemraum geworden war. Aufgrund der geringen Ertragsfähigkeit der Juraböden hatte sich eine kleinbäuerlich strukturierte Landwirtschaft entwickelt, die dem Konkurrenzkampf in der Europäischen Gemeinschaft nicht gewachsen war. Der Übergang zur Feierabendlandwirtschaft und das Fehlen von industriellen Arbeitsplätzen führten in den Hahnenkammgemeinden zu einer übermäßig hohen Pendlerquote. Durch Abwanderung drohte die Verödung einer alten, erhaltenswerten Kulturlandschaft. Im Fremdenverkehr wurde ein Ausweg gesehen. Wanderwege allein würden jedoch nicht genügen. Es war ein Erholungs- und Badesee, der für die Städter zum attraktiven Anziehungspunkt werden sollte. Was wird hier nun, unter der Trägerschaft des Zweckverbandes Hahnenkammsee, geboten? Ein Parkplatz für 300 Fahrzeuge läßt gerade für den Großstädter das Parken nicht zum Problem werden. Der 1300 m lange und bis zu 230 m breite See eignet sich wegen seiner geringen Tiefe von 1 m, die in Richtung auf den 7,5 m hohen und 170 m langen Abschlußdamm auf 4,5 m zunimmt, bestens zum Baden; die begrünten Liegeflächen sind weiträumig angelegt. Neben einem Bootssteg mit Bootverleih am Strandhaus gibt es auch eine Einsatzstelle für private Schlauch- und Segelboote. Vor allem auch Surfer finden hier gute Möglichkeiten. Darüber hinaus lädt ein 3 km langer Rundweg zu einem Spaziergang um den See ein. Doch bildet dieser See auch einen Ausgangspunkt für ein ausgedehntes Netz von Wanderwegen, worunter ein Vogellehrpfad und ein geologischer Lehrpfad, der sich bis zum Ries erstreckt, besonders zu erwähnen sind. Kulturdenkmäler wie Kirchen, Klöster und Burgen, sowie Naturdenkmäler wie Steinerne Rinnen und Standorte kalkliebender Jurapflanzen stellen zusätzliche Anziehungspunkte dar, und zwar auch dann, wenn das Wetter nicht gerade zum Schwimmen einlädt. So mancher Badegast und Wassersportler nimmt im Sommer von hier Anregungen für herbstliche Wanderungen mit nach Hause, die es ihm wert erscheinen lassen, diese abgeschiedene Landschaft, die durch den Hahnenkammsee eine wesentliche Bereicherung erfahren hat, wieder aufzusuchen.

Polsingen – »Wöllwarthl. Rittersitz und anspachil. Pfarrey«

Wo die Rohrach die letzten Hügel des Hahnenkamms verläßt und befreit der Wörnitz
zuströmt, liegt Polsingen. Seine geschichtliche Rolle verdankt es vor allem zwei Familien: den Herren von See (de Lacu), im Mittelalter, und den Freiherrn von Wöllwarth, die
ab 1580 die Ortsherrschaft innehatten. Daß die Markgrafen von Ansbach, mit Casimir
und Georg, später als Oberlehensherrn, auch hier politische Präsenz zeigten, nimmt ob
der strategischen Lage von Polsingen nicht wunder. Die Wöllwarth dürfen den Ruhm
für sich beanspruchen, einen der frühesten protestantischen Kirchenbauten hier geschaffen zu haben: »Hanns Sigmund von Welward das Christlich plut Bestelt Kirchen
und schul von Aygengut Und paut das gebau von Neuem dar im 1596 jar.« So berichtet
die Bauinschrift. Für das Ortsbild noch bestimmender ist freilich das Schloß, über dessen Baugeschichte leider wenig bekannt ist. Auf jeden Fall war es einmal, schon von
der Größe her, eine beachtliche Wasserburganlage. Die Türme scheinen noch in das
16. Jahrhundert zurückzureichen, während die andere Bausubstanz jünger sein dürfte.
Trotzdem zeigt das Schloß, das sich bis 1857 im Besitz der Wöllwarth befand, sehr
anschaulich die fortifikatorischen Prinzipien, nach denen ein befestigter Bau im Tal gestaltet werden mußte.

Das Ries – ein Meteoritenkrater

Noch außerhalb des Rieses, etwa 15 km vom Mittelpunkt jenes Kessels entfernt, kann man bei Ursheim im Steinbruch Stahlmühle (südlich des Hahnenkammsees) die hohen Energien erahnen, die bei der »Rieskatastrophe« vor knapp 15 Millionen Jahren frei wurden. Die hier abgebildeten Kalksteine, die ehemals horizontal lagerten, waren als großes Gesteinspaket mehrere Kilometer durch die Luft geschleudert und dann am Riesrand auf den dortigen Weißjuraschichten abgesetzt worden. Hitze und Druck haben dabei das Gestein zerrüttet und deformiert.

Das nach der römischen Provinz Raetia benannte Ries zwischen Schwäbischer und Fränkischer Alb ist ein nahezu kreisrunder Kessel von ca. 25 km Durchmesser, dessen Boden etwa 150 m unter den Randhöhen liegt, die durch die Quellbewölkung auf der Luftaufnahme gut zu erkennen sind. Seit etwa 100 Jahren wird versucht, die Kraterstruktur und das Entstehen von für diese Gegend atypischen Gesteinen zu erklären. Erst modernste geophysikalische Untersuchungsmethoden konnten in den letzten 20 Jahren der Meteoritentheorie zum Durchbruch verhelfen. Nachdem bereits 1960 der NASA-Geologe Dr. Chao im einwandfrei durch Meteoriteneinschlag entstandenen Arizona-Krater Quarzminerale gefunden hatte, die durch hohen Druck in Coesit und Stishovit umgewandelt worden waren, gelang es 1969 auch noch, umgewandelten Kohlenstoff zu finden, den man Chaoit nannte. Das Auffinden entsprechender Mineralien in Riesgesteinen und das Freiwerden von Energiemengen in der Größenordnung von 250 000 Hiroshima-Atombomben, was nur bei Meteoriteneinschlägen, nicht aber bei vulkanischen Eruptionen oder Explosionen der Fall ist, brachte der Meteoritentheorie die Anerkennung. Demnach kam es beim Aufschlag des Meteoriten von 500 – 1000 m Durchmesser vor knapp 15 Millionen Jahren zu folgenden Vorgängen: Der mit einer Geschwindigkeit von 40 000 – 200 000 Stundenkilometern auftreffende Meteorit verursachte durch Kompression eine Stoßwelle, die innerhalb von 4 Sekunden das Ries durchlief und nach 3 Minuten den Riesenkrater geschaffen hatte. Zuvor waren dort über den kristallinen Gesteinen des Grundgebirges (Granit, Gneis) 500 m mächtige Schichten des Erdmittelalters (Ton, Sandstein, Kalk) gewesen. Bis zu 1300 m rings um das Einschlagzentrum herum und auch ebenso tief wurde das Gestein nicht nur gasförmig, sondern bei einer Hitze von 5000–20000° sogar z. T. ionisiert, so daß es einschließlich der Materie des Meteoriten in den Weltraum entwich. Deshalb kann man auch keine Meteoritenreste finden. Die tiefer und weiter vom Einschlagzentrum entfernten kristallinen Gesteine wurden verflüssigt und erreichten eine Flughöhe bis zu 20 km. Nach maximal drei Minuten fielen sie wieder herab und bildeten den Suevit (= Schwabenstein), bei dem in einer grauen Grundmasse dunkle Riesgläser mit Gasblasen eingeschlossen sind; es sind dies aufgeschmolzene und dann glasartig erstarrte kristalline Gesteine. Durch die Untersuchung der seit fast 15 Millionen Jahren in diesen Gläsern eingeschlossenen Gase fand Chao 1977 heraus, daß der einschlagende Körper ein Steinmeteorit gewesen war. Isoliert umherliegende Riesgläser nennt man Flädle. Die 1973 bei Nördlingen durchgeführte, 1206 m tiefe Forschungsbohrung ergab, daß in etwa 300 – 600 m Tiefe ausgeworfenes und wieder zurückgefallenes Kristallin (Suevit) lagert, während die restlichen 600 m aus zertrümmertem und umgelagertem Kristallin bestehen. Aus dem Boden des Rieskraters ca. 50 m hoch aufragende Berge deuten

den Kristallinen Wall an, dessen aus zerrüttetem Granit und Gneis bestehende Schollen vom Untergrund her um mindestens 500 m angehoben worden waren. Noch weiter vom Zentrum entfernt wurden die Deckschichten in zertrümmertem, aber nicht geschmolzenem Zustand emporgeschleudert; nach nur einminütigem Flug fielen sie als bunte Trümmermassen (Bunte Brekzie) zu Boden, wobei die ursprünglichen Tone, Sandsteine und Kalke bunt durcheinandergewürfelt wurden. In noch größerer Entfernung kam es zu flachem Herausschleudern und gleitendem Übereinanderschieben größerer Schollen, was zur Bildung der Schliff-Flächen führte. Danach erfolgte nach immensen Regenfällen die Bildung eines Sees in dem entstandenen Krater, worin sich innerhalb von etwa zwei Millionen Jahren eine bis zu 300 m mächtige Schicht von Geröllen, Mergeln, Tonen und Süßwasserkalken bildete.

Die Schliff-Flächen mit ihren mehr als meterlangen, kratzerartigen Schrammen wie den hier abgebildeten, hatten 1898 zur Aufstellung der Gletschertheorie geführt, nach der der Rieskessel durch die gesteinsausräumende Gewalt von Gletschern, wobei Gesteinspakete übereinandergeschoben worden seien, entstanden sein sollte. Es fehlte jedoch ein mächtiges Gebirge, von dem die Gletscher hätten kommen können. Nach der Meteoritentheorie entstanden diese am Riesrand auftretenden Schliff-Flächen bei der Landung von bis zu 1 km großen, flach ausgeworfenen Kalkschollen.

Von den Entstehungstheorien des Rieskessels hielt sich die durch v. Gümbel 1870–1890 veröffentlichte Vulkantheorie am längsten. Vor allem konnte so das Vorkommen der hier abgebildeten, etwa 5–15 cm langen Flädle (Fladen) leicht erklärt werden, da sie den bei Vulkanausbrüchen durch die Luft fliegenden und dort erstarrenden Lavafetzen, (vulkanischen Bomben) gleichen. Die Meteoritentheorie konnte jedoch beweisen, daß die ausgeprägte aerodynamische Form der Flädle auf einen Flug durch die Atmosphäre hinweist, der länger war, als es bei Vulkanausbrüchen der Fall ist. Die aus geschmolzenem Urgestein (Granit, Gneis) entstandenen Flädle weisen zahlreiche Gasblasen auf, die sich während ihres Fluges in geschmolzenem Zustand bildeten.

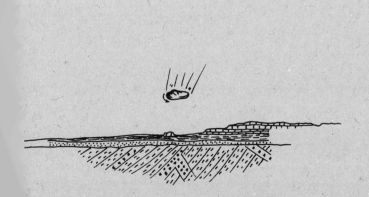
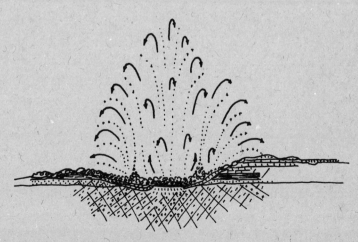

In stolzer Höhe: Auernheim und seine Georgskirche

Auf dem höchsten Punkt des südlichen Hahnenkamm-Massivs (634 m ü. M.) liegt Auernheim. Auch wenn es sich abseits der großen Straßen befindet, atmet es Geschichte, und der das Dorf überragenden Georgskirche haftet eine selbstverständliche Ehrwürdigkeit der Jahrhunderte an. Johann Bernhard Fischer bewunderte Auernheim schon im fernen 18. Jahrhundert und meinte, daß Auernheim »ein gutgebautes Pfarrdorf« sei. »Die dortige Kirche liegt auf der höchsten Höhe des Hainenkamps, und, dem Augenmaß nach, höher als die Veste Wülzburg. Daher ist denn auch die Luft in dieser Gegend so subtil und kalt, daß es meistens um vier Wochen ehender Winter, und eben soviel später Frühling wird, als in dem benachbarten Altmühlgrund. Das Dorf liegt an der Südseite des Berges und hat einen natürlichen Witterungskalender. Denn so erfolgt, zum Beispiel: wenn man Morgens oder Mittags gegen Südost iene Gebürge sehen kan, welche Tyrol von Baiern scheiden, eine schnelle Veränderung des Wetters und gemeiniglich ein warmer Regen. Die Aussicht von diesem Berge ist übrigens unbeschreiblich schön«!
Notieren wir über die Kirche, daß hier Bischof Gundekar 1073 weihte. Mittelalterliche Bauelemente sind auch noch deutlich erkennbar. Die Emporenbrüstungen zeigen das Leben Jesu; eines der schlichten und im natürlichen Sinne volkstümlichen Bilder trägt das Datum 1680. Die »Flucht nach Ägypten« und der »Zwölfjährige Jesus im Tempel« demonstrieren die Frömmigkeit und Bescheidenheit der hochgelegenen Pfarre auf dem Hahnenkamm. In der Georgskirche baute übrigens der angesehene ansbachische Landorgelmeister Georg Martin Gessinger ein Instrument. Um die Kirche beeindrucken auch die Befestigungsreste mit dem eindringlichen Friedhofstor.

Ruinenromantik im Walde: die Ulrichskapelle

Nicht weit von Möhren oder Auernheim, auch von Treuchtlingen erwanderbar, birgt sich im riesigen Waldgebiet des Uhlbergs eine gotische Kirchenruine. Es handelt sich um die Ulrichskapelle, deren Reste schon so weit mit der Natur verwachsen sind, daß zwei starke Buchen inmitten des kleinen Bauwerks wurzeln. Mit dem Ulrichspatrozinium wird schon angedeutet, daß wir uns im kirchlichen Einflußraum von Augsburg befinden und seines Schutzpatrons, des heiligen Bischofs Ulrich, der (durch sein Gebet) den Kämpfenden auf dem Lechfeld sichtbar beistand und weiter berühmt wurde durch sein Bemühen, nach dem Siegesjahr 955 über die Ungarn, die zerstörten Klöster und Dörfer wieder aufzubauen. Damals freilich bestand noch keine Ulrichskapelle auf dem Uhlberg. 1144 hören wir jedoch von der Gründung eines Benediktinerinnenklosters durch Ulrich von Rechberg. 1221 stand ihm eine Adelheid von Rechberg vor. 1244 erwähnen die Geschichtsannalen eine Elisabeth aus dem berühmten Grafengeschlecht der Truhendinger. Wenige Jahre später, 1252, wurde das Kloster nach Zimmern im Ries verlegt. Auf dem Uhlberg wurde dennoch ein Zweigkloster aufrechterhalten, von dessen Bestehen bis heute die romantische Ruine der Ulrichskapelle kündet.

Treuchtlingen – zwischen Pappenheim und Brandenburg-Ansbach

» . . . als der letzte der Gräfl. Pappenheimischen Treuchtlingischen Linie den 20. Juni 1647 sein Leben in einem zu Prag mit dem Grafen Colloredo eingegangenen unglücklichen Duell, im 20. Jahr seines blühenden Alters, einbüßte, wornach dessen dardurch sich erledigter Antheil an dem Ort und Herrschafft Treuchtlingen dem Hochfürstlichen Haus Brandenburg-Onolzbach . . . anheim fiel.« Und die Ansbacher Hohenzollern taten noch ein übriges, nämlich 1662 auch den anderen Teil Treuchtlingens zu kaufen. Daß zwei Herrschaften am Ort bestanden, verschiedene konfessionale Wege begangen wurden, bezeugen bis heute die unweit voneinander liegenden beiden Pfarrkirchen. »Im Jahr 1664. mense Dec. übergab Herr Marggraf Albrecht von Brandenburg dieses Schloß, Marckt und Guth seinem jüngern Prinzen Albrecht Ernst, zum Genuß vor ihn und dessen männliche Descendenten, er gieng aber im Jahr 1674. im 16ten Jahr seines Alters ohnvermählt zu Grab.« Treuchtlingen auf dem Sprung zur Hohenzollern-Residenz? Der Jünglingstod von Albrecht Ernst hat dies verhindert.

Vom alten Treuchtlinger Ortsadel zeugt noch die »Obere Veste«, neuerdings in einigen Bauteilen liebevoll rekonstruiert. Hier saßen nach den Treuchtlingen auch die Lentersheim, die Schenken von Geyern, natürlich die Pappenheimer.

Die »Niedere Veste« von Treuchtlingen, von der Anlage her ein Wasserschloß, geht in das Mittelalter zurück. Selbst in ihrem äußeren Erscheinungsbild des 19. Jahrhunderts kann sie älteren Baubestand nicht verleugnen.

Der Haupteingang des Schlosses, im frühen 17. Jahrhundert entstanden, wird vom großen ansbachischen Staatswappen bekrönt, wie es Markgraf Albrecht führte. Die Initialen unter dem Wappen verraten jedoch den eigentlichen Treuchtlinger Schloßherrn: AEMZB (=Albrecht Ernst Markgraf zu Brandenburg), ein Unikum unter den brandenburg-ansbachischen Staatswappen.

Die protestantische Pfarrkirche von Treuchtlingen – ein Modellbeispiel des Markgrafenstils

Der protestantische Kirchenbau in Süddeutschland hat es nicht leicht gehabt, Gotteshäuser seinen liturgischen Erfordernissen gemäß zu schaffen. Da sollte die Verkündigung und Deutung des Gotteswortes Schwerpunkt des sonntäglichen Gottesdienstes sein. Konsequenterweise mußte die Kanzel, Gefäß dieser Verkündigung, vom Heiligen Geist überschwebt, optischer Mittelpunkt der Kirche werden. Die Kirchenmusik wiederum hatte nicht nur geduldete Funktion der »Ergetzung«, sondern als »laus Deo« und »recreatio cordis« einen festen Platz in der gottesdienstlichen Handlung. Letztlich und selbstverständlich gehörte dazu als Trilogie der Altar, in unserem Bild nicht mehr zu sehen. Die verbleibende Kirche wurde intensiv genutzt, eine höchstmögliche Zahl von Sitzplätzen geschaffen, auch und gerade durch den Einzug von Emporen, wie es in Treuchtlingen der Fall ist. Nahezu allen ansbachischen Kirchen des Protestantismus ist dazu eine spartanische Einfachheit gemein. Die Aufnahme des Gotteswortes sollte nicht durch überflüssigen Augenschmaus getrübt werden. Sogar Altar, Kanzel und Orgel sind vergleichsweise zurückhaltend gestaltet, wie es die Treuchtlinger Pfarrkirche nach der Planung des Ansbacher Hofbaumeisters Johann David Steingruber zeigt. So ist dieser Bau des »Markgrafenstils« fast ein Lehrstück, ein theologisches Modell und Ausdruck der gedanklichen Nüchternheit unserer protestantischen Bevölkerung. Nur ein Objekt ragt aus der disziplinierten und harmonischen Innengestaltung heraus, nämlich das ansbachische Staatswappen mit dem Fürstenhut, gehalten von zwei Putten. Die Hoheit des Staates dominiert also auch im Gotteshaus. Immerhin war der Ansbacher Markgraf Oberhaupt seiner »Landeskirche«.

Treuchtlingens katholischer Kontrast: die Lambertuskirche

Unweit der evangelisch-lutherischen Pfarrkirche Treuchtlingens (an deren Stelle einmal eine Marienkirche stand) erhebt sich die katholische Pfarrkirche St. Lambertus, die von 1559 – 1619 (ebenfalls mit ihrem Vorgängerbau) dem evangelischen Kultus gedient hatte. Sie geht in wesentlichen Teilen auf das Jahr 1733 zurück. Allerdings wurden in St. Lambertus viele ältere Ausstattungsstücke bewahrt, etwa die Seitenaltäre, von denen einer 1708 datiert ist. Auch spätmittelalterliches Kunstgut, Plastiken und Malereien, konnten durch die gerade für St. Lambertus sehr schwierigen Zeitläufte gehalten werden, wobei die Abwanderung von einzelnen Objekten nicht verschwiegen werden kann. In ihrer Gesamtheit bietet die Lambertuskirche von Treuchtlingen dennoch das Bild einer reich und gut ausgestatteten katholischen Pfarrkirche, die in wesentlichen Teilen durch das künstlerische Schaffen des 18. Jahrhunderts bestimmt wird.

Das Treuchtlinger Heimatmuseum

Es ist erstaunlich, wenn es jemand wagt, in einer Zeit, in der die Jagd auf Antiquitäten zum Sport und zum Spekulationsversuch weiter Bevölkerungskreise geworden ist, ein Museum zu gründen. Josef Lidl, als Heimatpfleger, Maler, Zeichner und manches mehr, vielbewährt, hat dies für Treuchtlingen gewagt. 1970 gründete er offiziell das Unternehmen eines Heimatmuseums Treuchtlingen, das seine Aufstellung 1973 erfuhr. Was an diesem Museum besonders imponiert, ist die hohe Bodenständigkeit, die Orts- und Geschichtsbezogenheit der meisten Objekte. Das Treuchtlinger Heimatmuseum hat sich bilden können ohne den allumfassenden Sammlergedanken des 19. Jahrhunderts, also auch ohne die (verständlichen) Exotismen der Vorväter. Es konzentriert sich auf das Kulturgut des Altmühlgebietes um Treuchtlingen, des Hahnenkamms – von der Naturkunde, über Vor- und Frühgeschichte bis zu den bemalten bürgerlichen und bäuerlichen Möbeln, zu Tracht und landwirtschaftlichem Gerät, zur Hausweberei und, vielleicht derzeit besonders wichtig, auf die bodenständige Keramik von Altmühltal und Hahnenkamm.
Bereits die barocke Tür mit dem Motiv des springenden Hirsches bereitet auf die Betonung des Handwerklichen, sagen wir ruhig auch der Handwerkskunst, im Heimatmuseum Treuchtlingen vor.
Wichtig auch für die Dokumentation der frühen Industriegeschichte (und für die Gewinnung von Eisen, etwa auf dem Hahnenkamm, heute längst aufgegeben) sind die gußeisernen Ofenplatten aus Obereichstätt. Die hier abgebildete, vielleicht aus einem Schloß stammend, nachdem der hl. Georg als Drachentöter erscheint, weist mit den Buchstaben »EYST:« auf ihren Ursprung hin und ist 1777 datiert. Ihre Ornamentik ist noch dem blühenden Rokoko verpflichtet.

Das Treuchtlinger Heimatmuseum birgt eine Serie von Totenkronen, die gelegentlich als Kronen von Marienstatuen oder ähnlichem mißverstanden werden. Es handelt sich dabei aber um Totenkronen, die auf den Särgen von Kindern und Unverheirateten befestigt wurden, in diesem Sinne also überregional auch als Ersatz für Braut- oder Bräutigamskrone zu verstehen. Derartige Totenkronen kommen besonders häufig im ehemaligen Fürstentum Ansbach vor, wo eigentlich jede Pfarrkirche solche Kronen besaß, meist in Ausstattung und Qualität abgestuft, je nach dem Rang der Verstorbenen. Diese Totenkronen haben einmal die teuren und stets neu zu fertigenden Totenkränze abgelöst. Gemäß markgräflichem Dekret wurden diese metallenen Kronen angefertigt, deren Entstehung wir verfolgen können. Sie gehen auf den Entwurf eines Ansbacher Hofkünstlers zurück; ein Goldschmied fertigte wohl Probeexemplare, die schließlich dem Gürtler als Muster zur Verfügung standen. Die meisten bekannten Totenkronen des markgräflichen Gebietes gehen, soweit sich derzeit überblicken läßt, auf die Ansbacher Gürtlerdynastie Hollenbach zurück. Im übrigen zeigen die im Heimatmuseum Treuchtlingen verwahrten Totenkronen deutlich (oben und links) die einfache, den »normalen« Einwohnern zur Verfügung stehende Ausformung, während höhere Stände durchaus Totenkronen aus edlerem Material (und mit schmückenden Steinen besetzt) verwenden durften. Daß dieser alte Brauch auch heute noch gelegentlich weiterlebt, sei ausdrücklich hervorgehoben. Und es ist erfreulich, wenn unsere Kirchenstiftungen wissen, daß es sich bei diesen Totenkronen nicht um irgendwelche Irrläufer handelt, sondern um die Zeugen eines ehrwürdigen Brauches, denn, wer die Krone während seines Lebens nicht errungen hat, also wegen seiner Ehelosigkeit, sollte wenigstens im Tod eine Krone haben, eben unsere Totenkrone, die dann auf dem geschlossenen Sarg festgebunden wird, anschließend wieder vom Mesner sorgsam verwahrt werden muß.

Ton und Keramik – ein Leitthema des Heimatmuseums Treuchtlingen

Entlang der Altmühl, entlang des Hahnenkamms, und darüber hinaus, liegen alte Zentren der Gebrauchskeramik, aber auch der keramischen Kunst. Die Töpfereien von Wettelsheim und Markt Berolzheim etwa haben schon lange einen guten Ruf auf dem Gebiet der »bäuerlichen Keramik«, wenngleich dieser Begriff die Gefahr einer einseitigen und mißverständlichen Einschränkung birgt wie »bemalte Bauernmöbel«. Ingo Bauer hat mit seinen Forschungsarbeiten einen bahnbrechenden Beitrag geleistet, um die alte Keramiklandschaft beiderseits der Altmühl zu erfassen, nachdem bislang die Erzeugnisse der Fayence- und Porzellankunst fast einseitig wissenschaftliches Interesse erlangten. Die Bestände des Treuchtlinger Heimatmuseums gehen natürlich in besonderem Maße auf diese heimische Keramiklandschaft ein, von der einfachen Gebrauchskeramik bis zur sorgfältig bemalten Irdenware, vom glasierten, bunten Dachziegel, immer noch häufiges Erkennungszeichen der altmühlfränkischen Kulturlandschaft, bis zu den Ofenkacheln, alter Hafnerarbeit über lange Jahrhunderte hinweg, also aus Handwerks- und nicht Manufakturbetrieben, zu denen natürlich wieder die Obereichstätter Ofenplatten gehören.

Unser Bild zeigt eine einzelne Ofenkachel, als Beispiel für die Vielfalt und Feinheit dieser keramischen Arbeiten. Sie trägt die Jahreszahl 1655 und das Monogramm GS. In der Mitte prangt, mit Schlüssel und Buch, der Apostelfürst Petrus, links von ihm Johannes der Täufer. Derartige Kacheln wurden mit Hilfe von Modeln hergestellt.

Der Eisenbahnknotenpunkt Treuchtlingen

Seit undenklichen Zeiten liegt das Treuchtlinger Gebiet in einer verkehrsgeographisch sehr exponierten Situation, denken wir nur an den versuchten Kanalbau Karls des Großen mit dem Karlsgraben, oder an die späteren Verbindungen von Nürnberg über Weißenburg weiter nach Süden, in das Ries, oder altmühlauf- und abwärts. Auch beim Eisenbahnbau vor mehr als einhundert Jahren spielte Treuchtlingen eine herausragende Rolle. Schließlich führen Zugverbindungen von Hamburg über Würzburg, Nürnberg, Treuchtlingen nach Süden, aber auch vom Ruhrgebiet über Würzburg, Ansbach, Treuchtlingen wiederum Richtung München. Treuchtlingen galt dann sogar als echte »Eisenbahnerstadt«, erfuhr im Zuge dieses Aufschwunges im Jahre 1898 seine Stadterhebung. Wenn Treuchtlingen schon früher als der bedeutendste Industrieort des Weißenburger Landes gegolten hat, dann nicht zuletzt wegen des Bahnbetriebswerkes, das zeitweise über 1200 Menschen beschäftigt hatte. Allerdings mußte die Stadt diese Entwicklung auch mit erheblichen Eingriffen in das Stadtbild bezahlen. Erwähnen wir hier noch einmal am Rande, daß Treuchtlingen trotzdem erheblich mehr Sehenswürdigkeiten zu bieten hat, als man ihm auf Grund des rauchschwarzen Eisenbahnernimbus zutraut. Die Stadt mußte auch ihre Funktion als Bahnknotenpunkt im Zweiten Weltkrieg teuer büßen. Rund 500 Tote kostete ein einziger Luftangriff, Teil einer Luftoffensive der Alliierten gegen die Eisenbahnknotenpunkte unter dem Decknamen »Clarion«. Das Stichwort Eisenbahn schien noch einmal das Schicksal Treuchtlingens einseitig zu beeinflussen, als die Deutsche Bundesbahn im Zuge ihrer Rationalisierungsmaßnahmen das Bahnbetriebswerk, größter Arbeitgeber in der Geschichte des Gemeinwesens, auflöste. Es gelang aber bald, diese Entwicklung aufzufangen und neue Arbeitsplätze zu schaffen.
An die große Eisenbahnzeit erinnert bis heute die »Denkmallok«, eine ausgediente Dampflokomotive, gleichzeitig Spiel- und Tummelplatz der Kinder.
Das Heimatmuseum Treuchtlingen wiederum befaßt sich ebenfalls mit der markanten Eisenbahngeschichte des Ortes und zeigt unter anderem im Modell die »Saxonia«, eine Dampflok mit Tender des vergangenen Jahrhunderts.

Möhren, seine »Schlüsseljungfrau« und eine komplizierte Ortsgeschichte

In der Burg von Möhren lebte einmal der vornehme Ritter Heinz, der nur eine einzige Tochter namens Armgart besaß. Sie war schön und reich. Aus allen Himmelrichtungen kamen die Ritter, warben um ihre Hand, und waren kaum mehr loszuwerden. Armgart aber war entschlossen, niemals zu heiraten. Um die Freier abzuschrecken, stellte sie eine, nach ihrer Vorstellung unlösbare Aufgabe. Sie ließ einen goldenen Schlüssel fertigen, verwahrte ihn in ihrem Schlafgemach, und bestimmte, daß nur der Ritter ihre Hand erhalten würde, dem es gelänge, den Schlüssel in seinen Besitz zu bringen und ihr zu überreichen. Einem, dem wilden Kunz von Absberg, gelang es fast, sein Ziel zu erreichen. Er bestach das Kammermädchen, die Armgart darauhin ein Schlafpulver in den Wein gab. Prompt konnte Kunz den Schlüssel unbemerkt entwenden. Wenig darauf ließ sich der Absberger melden und Armgart mitteilen, daß er ihr den Schlüssel überbringen wolle. Zuerst lachte Armgart nur. Als sie jedoch die Wahrheit erfuhrt, erdolchte sie sich. Kunz wiederum schwor den Frauen Rache und wurde noch wilder und tyrannischer als je zuvor. Die »Schlüsseljungfrau« aber mußte seitdem in der Möhrener Gegend herumspuken.

Und damit sind wir schon beim Schloß, das hoch über dem Möhrenbach liegt und das feine Ortsbild von Möhren krönt. Tatsächlich reichen seine Mauern weit in das Mittelalter zurück. Sie erlebten eine geradezu verwirrende Geschichte, einen für das altmühlfränkische Gebiet schier hektischen Wechsel von Ortsherrschaften und Landeshoheiten. Schon 899 taucht Möhren auf, als »Maromarcha«, wo der Eichstätter Bischof Erchanbald Besitzungen hatte. Da gab es ein Grafengeschlecht von Möhren, das eine eigene Linie der Grafen von Lechsgemünd darstellte. Daneben taucht ein edelfreies Geschlecht von Möhren auf. 1340 sitzen die Grafen von Oettingen in Möhren, 1346 die »allerzahlreichsten« Seckendorff. Das Hochgericht stand lange Zeit den Grafen von Graisbach zu, später den Wittelsbachern. Auch die Hohenzollern aktivierten sich rechtlich und politisch. 1505 treten die wittelsbachischen Neuburger an, setzen Statthalter ein. Für rund 80 Jahre folgt man in Möhren der protestantischen Lehre. Die Fuchs von Bimbach kreuzen die Ortsgeschichte, die Fugger, und, nicht zuletzt, die Pappenheim. Ein Fugger schließlich war es, Graf Marquart Eustachius, der das Schloß wiederherstellte, wie es im wesentlichen das heutige Bild von Möhren mitbestimmt.

Ein Fugger als Wohltäter von Möhren

Die Mariä Himmelfahrts-Kirche von Möhren birgt ein vergleichsweise bescheidenes Epitaph für Graf Marquard Eustachius Fugger, der 1722 im Alter von 71 Jahren verstarb. Der Text weist aus, daß der Graf die Möhrener Kirche restaurieren ließ. Damit ist aber nur eine der guten Taten erwähnt, die der einstige Reichspfleger von Donauwörth für seinen Residenzort Möhren vollbrachte. Graf Marquard Eustachius hatte nämlich 1711 das Möhrener Schloß übernommen, das die herzogliche Hofkammer von Neuburg nach dem Dreißigjährigen Krieg hatte herunterkommen lassen, und ebenfalls wiederhergestellt.

Die Pfarrkirche von Möhren besitzt eine gute Ausstattung, die zu großen Teilen dem 18. Jahrhundert angehört; Bandlwerk, Rokoko und Klassizismus sind neben- und miteinander anzutreffen. Schwungvoll und reichgestaltet ist der Hochaltar des Rokoko, der eine spätgotische Muttergottes bewahrt, die aus Ingolstadt stammen soll. Das festliche Ensemble zeigt in überzeugender Form, daß die Baumeister des 18. Jahrhunderts Kunstschätze früherer Epochen durchaus zu bewahren verstanden. Gerade Altmühlfranken, besonders aber das Gebiet des Hochstifts Eichstätt, beweist in vielen gelungenen Beispielen, wie Barock und Rokoko spätgotische Plastiken nicht nur respektierten und erhielten, sondern auch gestalterisch bewußt in ihre neuen Kirchenausstattungen einbezogen. Sicher blieb manches spätmittelalterliche Kunstwerk gerade auf diese Weise erhalten.

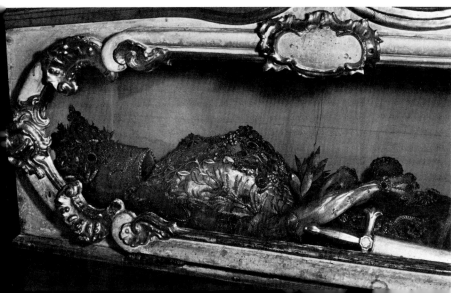

Das Gundelsheim im Süden

Der Landkreis Weißenburg-Gunzenhausen kann zwei Orte mit dem Namen Gundelsheim vorweisen, die Sehenswertes zu zeigen haben. Der eine, mit dem schönen spätgotischen Sakramentshaus, liegt bei Theilenhofen, der andere, im äußersten Süden des Landkreises, südwestlich von Möhren. Dort ist es die katholische Pfarrkirche St. Ulrich, also mit ihrem Heiligen wiederum auf Augsburg weisend, die Interesse verdient. Gegen Ende des 12. Jahrhunderts weihte hier der Eichstätter Bischof Otto eine Kirche. Das jetzige Kirchengebäude geht im wesentlichen auf das Jahr 1650 zurück. Es besitzt einige gute Kunstwerke vom Spätmittelalter bis in das Rokoko.

Der linke Seitenaltar, ehemals einer Marienbruderschaft zugehörig, entstammt dem Barock, zeigt aber auch Zutaten der Rokokozeit. Seine Glanzstück ist die spätgotische Muttergottes im Strahlenkranz, flankiert von zwei Leuchterengeln und von Putten umschwebt. Dieser Altar ist wiederum ein feines Beispiel, wie Künstler des Barock und des Rokoko ein spätgotisches Kunstwerk mit großer Sorgfalt in einen neuen künstlerischen Kontext gestellt, also ihrer Zeit gemäß »modernisiert« haben, und trotzdem die spätgotische Schnitzkunst respektierten, wenn nicht sogar noch pointierter herausgehoben.

Auf der Mensa dieses Marienaltars steht ein Schrein des Rokoko, der nach der Pfarrtradition Reliquien des hl. Urban aus den römischen Katakomben birgt, der von 223 – 230 Papst war und auch im Zusammenhang mit der hl. Cäcilia greifbar wird. Dieser hl. Papst Urban wird häufig mit dem hl. Bischof Urban von Autun und Langres verwechselt und vermengt, der als Patron der Winzer verehrt wird. Der Papst Urban wurde unter Alexander Severus mit Bleikugeln gegeißelt und enthauptet. So erklärt sich auch die Fassung der Gundelsheimer Reliquien mit Schwert und Symbolen des Martyriums.

Die Gundelsheimer Kirche besitzt ein gutes Kirchengestühl, dessen Docken zwar Akanthusschnitzereien tragen, aber bereits in das Rokoko hinüberklingen.

Der Marmor des Jura – Konkurrenz für den Marmor Italiens

Vor etwa 160 – 150 Millionen Jahren war es im Meer des Weißen Jura (Malm Delta) zu mächtigen Kalkschlammablagerungen gekommen, aus denen schließlich ein Stein von außerordentlicher Festigkeit entstand. Während »echter Marmor« (vorwiegend aus Italien importiert) unter hohen Temperaturen und hohem Druck durch Gesteinsumwandlung (Metamorphose) gebildet wurde, ist der Juramarmor auch ohne solche Einflüsse dem echten Marmor sehr ähnlich. Noch dazu rufen Einschlüsse von Organismen eine »Marmoriertheit« hervor, die vor allem aufgrund der Polierfähigkeit des Steines gut zur Geltung kommt. Dieser »technische Marmor« weist, bei einer Gesamtmächtigkeit dieser Gesteinsschicht von bis zu 50 m, Bänke auf, die bis zu ca. 140 cm stark sind. Die großen Quader können zu Platten zersägt (d.h. gefräst) und dann geschliffen werden. Neben der großen Härte besitzt dieser gelbliche bis bläulich-graue Stein durch seine Polierfähigkeit einen weiteren Vorzug. Reizvoll wirken dann auch die Anschnitte versteinerter Schwämme, Ammoniten und Belemniten. Während die Solnhofener Plattenkalke schon früher genutzt wurden, eröffnete man die Marmorbrüche erst um die Mitte des 19. Jahrhunderts; der Abbau der dicken Quader war ja äußerst mühevoll. Dazu mußten Keile in den Fels getrieben werden, um die Bänke zerteilen zu können. Heute übernehmen Preßlufthämmer diese Arbeit. Darüber hinaus drohten damals nach zwei schlechten Erntejahren mit gestiegenen Lebensmittelpreisen Arbeitslosigkeit und Hungersnot. Mit dem Aufkommen industrieller Fabrikation hatten auch viele Angestellte der Handwerksbetriebe ihre Stellung verloren. Gerade diesen Leuten eröffneten die ersten Marmorbrüche neue Möglichkeiten, da auch hier handwerkliches Können gefragt war; per Hand mußte der Stein gebrochen und behauen werden. Vielfach hieb man größere Quader für Kirchenbauten, aber auch Festungswerke wie Ingolstadt heraus. Die Eröffnung der Eisenbahnlinie durch das Altmühltal im Jahre 1870 brachte der Steinindustrie eine starke Belebung. Um das Jahr 1900 erfolgte dann ein entscheidender technischer Fortschritt; denn nun gelang es, die großen Quader zu zerschneiden und in dünne, polierfähige Platten zu zersägen. Demnach wird dieser Stein nicht mehr nur für Grundmauern bzw. Eckquader, sondern aufgrund seiner ruhig-warmen Farbtönung vor allem auch für das Gebäudeinnere verwendet, nämlich als Fußbodenbelag, für Treppen, als Fenstersimse und Wandverkleidungen. Auf den Friedhöfen fand der Stein häufig Verwendung bei Grabdenkmälern. Sogar das Bundeshaus in Bonn ist mit Platten aus Treuchtlinger Marmor verkleidet.

Verborgene Schönheit am Wege – Rutzenhof

Der Landkreis Weißenburg-Gunzenhausen kann mit Stolz eine Fülle eindrucksvoller Architekturdenkmäler und Kunstwerke vorweisen. Nicht immer aber bedarf es außergewöhnlicher künstlerischer Qualität, um das Auge des Menschen zu fesseln. Viele historische Objekte finden auch gerade durch Schlichtheit, Einpassung in die Landschaft, auch vergleichsweise Unversehrtheit Beachtung. In Rutzenhof etwa, zum Gebiet der Stadt Treuchtlingen gehörig, beeindruckt, auch ohne großen Kunstanspruch, gerade die Ursprünglichkeit, die Atmosphäre des Unangetasteten. Ein Hauch von Vergessenheit liegt darüber, wenngleich Martin Luther hier einmal Bleibe gefunden haben soll. Rutzenhof ist ein Beweis dafür, daß, auch über die Kunsthandbücher hinaus, Qualität einer anderen Epoche gefunden werden kann. Das Steinhaus im Erdgeschoß mit dem Fachwerk im Obergeschoß, das Kalklegschieferdach – vielleicht atmen sie mehr Authentizität als mancher restaurierte Bau anderswo.

Kalkliebende Schönheiten –
vom Menschen gefährdet, vom Menschen geschützt

Das Purpur-Knabenkraut (Orchis purpurea; links oben) gehört zu den aus den warmen Mittelmeerländern eingewanderten Pflanzen und liebt deshalb lichte Laubwälder und mit Sträuchern besetzte Hänge mit starker Sonneneinstrahlung. Obwohl der Blütenstand dieser Orchidee, die die stattliche Höhe von 80 cm erreicht, nur eine Länge von gut 10 cm aufweist, finden sich darin doch bis zu 40 Einzelblüten. Typisch für diese Blüte ist die mit dunkelroten Punkten übersäte, hellrosafarbene Lippe unter dem braunroten Helm.

Der Weiße Diptam (Dictamnus albus; rechts oben) ist einer der schönsten Bewohner des frühsommerlichen Steppenheidewaldes – dessen Pracht allerdings auch seinen Bestand stark gefährdet. Er gehört zu den zahlreichen Steppenpflanzen, die sich in die lichten Heidewälder zurückgezogen haben, weshalb die Lichtungen in den Laubwäldern der Altmühlalb bevorzugte Standorte darstellen. Da sich vom Wurzelstock aus mehrere aufrechte, bis 110 cm hoch aufragende Stengel entwickeln, wirkt er fast strauchartig. Eindrucksvoll sind die etwa 40 cm langen, traubigen Blütenstände mit bis zu 20 oder gar 30 Einzelblüten. Das zarte Rosa der Kelchblätter ist von flammigen, dunkelroten Adern durchzogen. Die zehn langen, gekrümmten Staubgefäße dienen den bestäubenden Insekten als bequeme Anflugstangen. Die ätherischen Öle, die den zahlreichen Öldrüsen der Blütenblätter an heißen Tagen mit zitronenartigem Duft entströmen, lassen sich bei Windstille entzünden, was dem Diptam die Bezeichnung »Brennender Busch« eingetragen hat.

Die Türkenbund-Lilie (Lilium martagon; links unten) ist eine besonders edle Zierde unserer frühsommerlichen Albwälder, vor allem in Waldrandnähe. Der großen, goldgelben Zwiebel entwächst ein einziger Stengel, der bei Prachtexemplaren 130 cm Höhe erreichen kann. Im oberen Drittel finden sich in einer lockeren Traube bis zu 40 Einzelblüten. Von unten nach oben zeigen sie gewissermaßen von Stockwerk zu Stockwerk erst allmählich ihre Schönheit. Zunächst halb geöffnet und glockig herabhängend, entfalten die Blüten schließlich mit turbanartig zurückgezogenen Kelchblättern ihre volle orientalische Pracht, der die Pflanze ihren Namen verdankt. Die sechs weit hervorragenden, rotgoldenen Staubgefäße bilden einen auffallenden Kontrast vor dem Hintergrund der ebenso vielen, zartvioletten, von dunklen Punkten gezierten Kelchblätter.

Die Küchenschelle (Anemone pulsatilla; rechts unten) ist eine besondere Zierde der im Frühjahr sonst noch kahlen Hügel des Albrandes und der wasserarmen Albtäler. Mitunter tritt diese 5–35 cm hohe Blume derartig gehäuft auf, daß sie fast den Eindruck eines bunten Rasens erweckt. Stengel, sowie Hüll- und Kelchblätter sind mit langzottigen Haaren besetzt, die in den ersten warmen Sonnenstrahlen erglänzen. Noch halb geschlossen sind die Blüten anfangs glockig nickend, öffnen sich dann aber sternförmig. Die zahlreichen dottergelben Staubbeutel, die die langen violetten Narben umgeben, bilden einen markanten Kontrast zu den violetten Kelchblättern. So läutet gerade die Küchenschelle dem Wanderer in der erst erwachenden Natur mit hellem Klang den Frühling ein.

Die Fossa Carolina und die Verbindung von Main und Donau

Der Biograph Karls des Großen, Einhard, hat uns über den 793 versuchten Durchstich zur Verbindung von Rezat und Altmühl, damit auch Main und Donau, unterrichtet: »Von Einigen . . . wurde der König zu der Überzeugung gebracht, daß man mit Hilfe eines zwischen den Flüssen Rezat und Altmühl anzulegenden schiffbaren Grabens leicht von der Donau in den Rhein müsse fahren können . . . Daher brach er sogleich mit seinem ganzen Gefolge zu dem betreffenden Orte auf, er sammelte eine große Menge von Menschen um sich und verwandte den ganzen Herbst auf die Arbeit. Zwischen den genannten Flüssen wurde ein Graben von 2000 Schritt Länge und 300 Fuß Breite angelegt, jedoch vergeblich. Denn infolge unaufhörlicher Regengüsse und der durch zuviel Feuchtigkeit naturgemäß unvollkommenen Beschaffenheit des sumpfigen Erdreichs konnte das in Angriff genommene Werk nicht vollendet werden. Was nämlich am Tage von den Arbeitern geschaffen worden war, stürzte des nachts durch Abrutschen des Bodens wieder ein.« Trotzdem bietet der nach Karl benannte Graben, der auch dem Dorf den Namen gab, heute noch ein grandioses Bild. Ein Blick auf die Landkarte zeigt, daß man die beste Stelle für die Verbindung der beiden Flüsse ausgesucht hatte, allein dies eine erstaunliche Leistung. Ob Karl der Große mit seiner Fossa Carolina schon die europäischen Perspektiven des Ludwig-Donau-Main-Kanals von 1845/46 und des heutigen Rhein-Main-Donau-Kanals hatte, mag dahingestellt sein. Sicher sah er die Frage nüchtern und praktisch an. 1300 Meter Länge hat seine Hinterlassenschaft – eine unglaubliche Leistung jener Epoche, in 55 Tagen geschaffen, von einem Menschenheer von mindestens 6000 Schanzarbeitern, deren Versorgung wohl auch Probleme aufwarf.

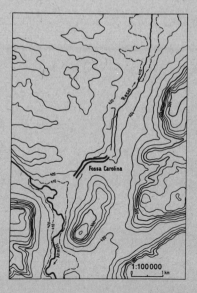

Graben und seine Fresken

Die gotische Kirche von Graben birgt einige Fresken aus der Mitte des 15. Jahrhunderts, die bei einer Instandsetzung in den Jahren 1969/70 freigelegt wurden. In den Farben zeigen sie rotbraun und blau. Eindrucksvoll ist die Darstellung des Jüngsten Gerichts in der Chorapsis. Unser linkes Bild zeigt den Teil des Freskos, in dem Teufel Verdammte in den Höllenschlund zerren und hineinprügeln. Die Mitte des Freskos mit Christus als Weltenrichter fiel leider einem Fensterdurchbruch zum Opfer. Die rechte Hälfte, hier nicht abgebildet, zeigt Petrus und die ihm folgenden Gerechten, wie sie die Himmelspforte öffnen.
Ein anderes Fresko, im Langhaus neben der Kanzel, ebenfalls nur teilweise erhalten, ist dem Tode Mariens gewidmet. Die Mutter Gottes liegt auf ihrem Sterbebett, umgeben von den Aposteln. Am Bett befindet sich auch der segnende Christus, der auf seinem linken Arm die gekrönte Seele Mariens hält.

Wettelsheim, die Leubelfing und »Gustav Adolfs Page«

Eine uralte Geschichte gehört zu Wettelsheim, die hier in ihrer ganzen Breite nicht dargestellt werden kann. Notieren wir dennoch die prononciert fränkische Geschichte, die Funktion als fränkisches Königsgut. Später übten die Pappenheim Hoheitsrechte über das Freidorf Wettelsheim aus, ab 1363 das Kloster Wülzburg, womit langfristig der Zugriff der zollerischen Markgrafen programmiert war. So teilte Wettelsheim schließlich Freud und Leid der markgräflichen Lande.

Von großer Originalität ist das Wettelsheimer Ortsbild, das durch zahlreiche gemauerte Brücken über die offen durchfließende Rohrach gekennzeichnet ist. Die Bauernhäuser zeigen noch zum Teil das alte Legschieferdach, wenngleich der Einbruch unserer Zeit nicht zu übersehen ist. Eine Sehenswürdigkeit von Wettelsheim, das auch als Keramikort einen guten Namen besitzt, ist die »neue Pfarrkirche«, die von Johann David Steingruber, dem aus Wassertrüdingen stammenden Ansbacher Hofbaumeister gestaltet wurde. Noch bemerkenswerter ist allerdings die alte Pfarrkirche, die bezeichnenderweise dem Frankenheiligen Martin geweiht ist, dessen Mantel die Franken bei ihren Schlachten als schutzbringende Reliquie mitführten.

Die alte Pfarrkirche mit noch mittelalterlicher Bausubstanz birgt eine Reihe von Epitaphien der Leubelfing, die im nahen Falbenthal begütert waren. Unter ihnen befindet sich das Holzepitaph für Johann von Leubelfing, der 1648 im Alter von 70 Jahren starb. Das Epitaph zeigt unter dem auferstehenden Christus den Verblichenen mit seiner zahlreichen Familie. Zu den Kindern Johanns gehörte auch August von Leubelfing, der berühmte Page des Schwedenkönigs Gustav Adolfs, der dessen Tod bei Lützen am 6. September 1632 erlebte und selbst 9 Tage später an den erlittenen Wunden verstarb – Bezug des kleinen Wettelsheim und des bescheidenen Falbenthal zur großen europäischen Geschichte im Dreißigjährigen Krieg. Im übrigen wurde Wettelsheim während des furchtbaren Krieges mehrfach, und zwar von beiden Seiten, heimgesucht, nach dem Motto: »Die armen Leut sind vor keiner Partei des Leibes und des Lebens sicher.« Auch in Wettelsheim übrigens hatten die protestantischen Glaubensflüchtlinge aus dem »Ländlein ob der Enns«, also dem Herzogtum Oberösterreich, die Exulanten, entscheidenden Anteil an Wiederaufbau und Gesundung des geschichtsträchtigen Ortes.

Markt Berolzheim und sein kaiserlicher Wappenbrief

Die Ortsgeschichte von Markt Berolzheim gleicht in manchen Einzelheiten der von Wettelsheim. Römisches, Fränkisches klingt auf, auch die Siedlung der Königsfreien. Im späten Mittelalter bestimmte dann verschiedener Ortsadel die Geschicke, die Willinge von Berolzheim, die Frick, Griesingen, Holzingen, Embs, Stettberg und die 1567 ausgestorbenen Lentersheim-Neuenmuhr. Eine fast verwirrende Geschichte also, wenn nicht 1571/74 die Marschälle von Pappenheim alles aufgekauft hätten. 1667 trat dann der Ansbacher Markgraf Albrecht auf die Szene und erwarb Berolzheim für sein Haus, mit dem es die weitere Geschichte teilte. Am 2. August 1783 brannte der Ort bis auf 40 Häuser ab. Allerdings gab es zu dieser Zeit, unter dem Regiment des Markgrafen Alexander, bereits eine Brandversicherung. Da nun »diese Gebäude durch die errichtete Brandassekurationssocietät gesichert waren, so sind die Brandstätten wiederum sämmtlich bebauet, und der Ort mit neuen schönen Häußern gezieret worden.«
Der größte Schatz des Archivs von Markt Berolzheim (den Titel »Markt« erhielt es unter den Pappenheim) ist der Wappenbrief Kaiser Maximilians II., der in Wien am 25. November 1574 ausgestellt wurde. Er zeigt das Ortswappen, »einen in zwey gleiche Theile nach der Quer getheilten Schild, und in dessen obern Hälffte im blauen Feld eine weise oder silberfarbene gespitzte alte Sturm-Haube, dann in der Hälffte im silberfarben Feld einen schwarzen Bär mit roth ausgeschlagener Zunge«. Der Eisenhut steht für die Pappenheimer Zeit Berolzheims; der Bär ist redend, illustriert den Ortsnamen, wenn man so will »Heim des Berolt«, womit wieder die fränkische Geschichte festgeschrieben wird.

Wir Maximilian der Ander von Gottes gnaden Erwöhlter Römischer Kaiser

Kirchen in Markt Berolzheim

Der komplizierten mittelalterlichen Ortsgeschichte von Markt Berolzheim ist es wohl zuzuschreiben, daß es seit langer Zeit zwei Pfarrkirchen gab. Beide wurden protestantische Kirchen, wurden als »obere« und »untere« unterschieden. 1637 zog man zwar, »wegen der elenden Zeiten«, beide Pfarreien zusammen. Im Jahre 1674 jedoch wurden sie »wieder von einander separiret.« Beide Kirchen bewahren spätmittelalterlichen Baubestand, wobei die »untere«, St. Michael, nach einem Steingruber-Plan erneuert wurde.

Die »Obere Kirche«, deren Inneres auf unserem Bild zu sehen ist, ist ein beispielhafter Vertreter des ansbachisch geprägten, lutherischen Protestantismus. Obwohl die Raumverhältnisse sehr bedrängt wirken, sind Kanzel, Altar (im Untergeschoß des Turmes) und Orgel so nahe wie möglich zusammengeführt. Die Kanzel trägt die Bezeichnung »Martin Finck 1722«. Auch der Altar mit der Anbetung der Hirten dürfte dieser Zeit entstammen. Die Orgel, mit ihrem aufwendigen, fünfteiligen Prospekt, stammt aus dem Jahr 1778. Erwähnen wir noch, daß die Kirche eine wertvolle Glocke von 1436 besitzt, die von »magister ulricus« gegossen wurde, der zur Nürnberger Glockengießer-Dynastie namens Glockengießer angehört und auch als Geschützgießer für Kaiser Sigismund in Erscheinung getreten ist.

Der heutige Landkreis Weißenburg-Gunzenhausen war über Jahrhunderte hinweg ein Zentrum der Hafnerkeramik. Die gefertigte Irdenware spielte mit ihren Geschirren eine außerordentliche Rolle in bäuerlichen und bürgerlichen Haushalten, wobei nie vergessen werden darf, daß die Ausstattung von Haushalten mit Fayence oder gar Porzellan nicht die Regel war, im Gegenteil. Ingolf Bauer hat das Hafnergeschirr des altmühlfränkischen Raumes erstmals umfassend gesichtet und unter dem Begriff »Treuchtlinger Geschirr« zusammengefaßt, wobei er Treuchtlingen, Wettelsheim, Pappenheim und Dietfurt als Hauptzentren hervorheben konnte. Selbstverständlich gab es auch über die genannten Orte hinaus zahlreiche Hafnerbetriebe, etwa in Markt Berolzheim. Insgesamt ist die Verwandtschaft zwischen den Geschirren unseres Raumes unübersehbar. Schon Fischer hob 1787 die Häfner von Heidenheim und Treuchtlingen hervor, deren Geschirr »seiner Güte wegen starken Abgang findet.«
Unser nebenstehendes Bild zeigt die Arbeit auf der Drehscheibe.
Dann folgt die Dekorierung mit dem Malhorn, womit sich das Treuchtlinger Geschirr – wie Ingolf Bauer betont – deutlich von dem nicht weit entfernten Spritzdekorgebiet »Baierns« absetzt. Querverbindungen des Treuchtlinger Geschirrs führen durchweg nach Franken und Schwaben.
Das Farbbild zeigt das fertige Geschirr in seinem ganzen Glanz. Typisch ist rotbrauner oder schwarzbrauner Grund, wie auch der Maiglöckchendekor von Johann Christian Lutz in Wettelsheim, der heute vielfach zum Leitmotiv der Keramik von Altmühl und Hahnenkamm geworden ist.

Ein bemalter Sakristeischrank in Markt Berolzheim

Ein Gebiet der fränkischen Volkskunde, das noch weitgehend unerschlossen ist, betrifft die bemalten Möbel. Das Fränkische Freilandmuseum in Bad Windsheim hat den ersten Versuch unternommen, das weitgefächerte Gebiet der mittelfränkischen bemalten Möbel faßbar zu machen. Dabei wurde klar, daß die bemalten Möbel weder nach Herkunft noch Zweckbestimmung als ausschließliche Bauernmöbel betrachtet werden dürfen. Gerade auch in Altmühlfranken, mit den mehrfach erwähnten Zwergstädten, wo der »Ackerbürger« eine zentrale Stellung einnimmt, ist zudem eine klare Trennung von Bürgern und Bauern nicht immer möglich. Demgemäß muß die doppelte Funktion der bemalten Möbel für Stadt und Land erkannt werden. Altmühlfranken darf sich im übrigen rühmen, auf dem Gebiet des bemalten Möbels viel Schöpferisches hervorgebracht zu haben. Regelrechte kunsthandwerkliche Landschaften des bemalten Möbels deuten sich an. In manchen Einzelheiten erinnern bemalte Möbel auch an die Erzeugnisse der fränkischen Fayencen an der Wende vom 18. zum 19. Jahrhundert, etwa der Poppschen Fabrik in Ansbach, oder der Weißschen Manufaktur in Crailsheim, oder aber der Bux-Manufaktur in Schrezheim. Freude an der Farbe, Naivität und Unmittelbarkeit des Dargestellten gehören zu den auffallenden Merkmalen – wie bei den bemalten Möbeln. Auch der Sakristeischrank aus Markt Berolzheim zeigt diese Kennzeichen, gerade bei der Taufe Christi im Jordan. Der Schrank wurde zwar 1912 »renoviert«, hat aber trotzdem viel Charakteristisches der alten Substanz bewahrt.

Wolfsbronn und seine Papiermühle – ein Denkmal der Technikgeschichte

Im allgemeinen klingt der Begriff »Steinerne Rinne« auf, wenn von Wolfsbronn die Rede ist. Fast wird dabei aber vergessen, daß sich dort mit der Papiermühle ein bedeutendes Denkmal der Technik aus dem 18. Jahrhundert erhalten hat, das natürlich, ebenso wie die »Steinerne Rinne«, seine Existenz durch die vom Hahnenkamm-Massiv zu Tal strömenden Wasser fristen mußte. 1736 gründete der »Papierer« Johann Leonhard Meyer, ein Degersheimer Bauernsohn, die Papiermühle, die sich bis in das Jahr 1866 halten konnte, dann aber, wie die meisten manufaktur- und handwerksmäßig betriebenen Unternehmen, der Entwicklung der modernen Technik unterlag. Gottfried Stieber, hocherfahrener »Brandenburg-Onolzbachischer Archiv-Rath« ging sogar so weit, 1761 die Wolfsbronner Papiermühle ausdrücklich zu loben: »ist bey dem Ort Degersheim noch anzufügen, daß in dem ohnfern davon, an einem geringen Bächlein, in dem Ober-Amt Hohentrüdingen gelegenen, und nach Meinheim gepfarrten Weyler Wolffsbronn eine gut eingerichtete Papier-Mühl anzutreffen«.

Seit dem Ende der letzten Eiszeit, vor ca. 12000 Jahren, kam es am Albrand zur Ausbildung von Steinernen Rinnen, von denen sich die bekanntesten bei Hechlingen, am Gelben Berg, bei Rohrbach, sowie bei Wolfsbronn befinden. Letztere, die hier abgebildet ist, weist die außerordentliche Länge von 128 m und die stattliche Höhe von maximal 160 cm auf. Ebenso wie andere Steinerne Rinnen verdankt sie ihr Entstehen einerseits dem über dem Quellaustritt (bei ca. 550 m Höhe) befindlichen, heute noch etwa 50 m mächtigem Kalkgestein, andererseits dem unter diesen Kalken befindlichen, wasserstauenden Ornatenton, der hier als Quellhorizont wirksam ist. Das Regenwasser nimmt noch in der Luft Kohlendioxid auf, wodurch es kohlensäurehaltig wird. Beim Einsickern in den kalkigen Untergrund entlang feiner Risse oder größerer Klüfte kann dieses Wasser dann den Kalk auflösen und als Calciumhydrogenkarbonat in gelöstem Zustand bis zum Ornatenton mitführen. Wird diesem kalkhaltigen Wasser wieder Kohlendioxid entzogen, so fällt der Kalk (chemisch gesehen Calciumkarbonat) wieder aus, was zur Bildung von Kalktuff führt. Gerade das geschah und geschieht hier heute noch etwa 30 m unterhalb der Quelle. Ausschlaggebend für die Bildung eines Kalktuffdammes ist nicht so sehr die Vermischung des schnell fließenden und spritzenden Wassers mit der Luft, wobei sich der ausgefällte Kalk an den hier gedeihenden Moosen als anorganische Bildung ablagert, sondern die Tatsache, daß die Moose zum Zweck ihrer Ernährung durch Assimilation dem Wasser Kohlensäure entziehen, was zu verstärkter organischer Kalkausfüllung führt. Auch Blaualgen, die in der Rinne selbst ihren Lebensraum haben, bewirken Entsprechendes, indem sie vom Wasser direkt Calciumhydrogenkarbonat abspalten. Durch diese Kalkausfällungen entstand im Laufe von Jahrtausenden als Folge mehrfacher früherer Bachbettverlagerungen eine bis zu 60 m breite und 8 m mächtige Kalktuffaufschüttung und schließlich auch der Damm der heutigen Steinernen Rinne. Die Rinnenbildung selbst ist darauf zurückzuführen, daß Moose und Algen am Rande des Bächleins in der Spritzwasserzone günstige Lebensbedingungen finden, wodurch dort mehr Kalk ausgefällt wird als in der Mitte, wo die starke Strömung das Pflanzenwachstum behindert. Vor allem im Frühjahr, wenn dieses einzigartige Naturdenkmal von einer bunten Palette kalkliebender, aromatisch duftender Blütenpflanzen umgeben wird, während das übrige Blattgrün erst im Hervorbrechen ist, kommen die Faszination und der besondere Reiz dieser Steinernen Rinne voll zur Entfaltung.

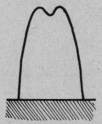
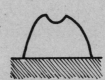

Der Gelbe Berg – ein markanter Bergsporn des Hahnenkamms

Nähert man sich von den Altmühlauen her dem Hahnenkamm, so fällt einem der Gelbe Berg, dessen Name eigentlich »Burg des Gebo« (1419 Gebenbürg) bedeutet, wegen seiner markanten Form besonders ins Auge. Der Sockel dieses 628,5 m hohen, weit vorgeschobenen Bergspornes wird aus den Gesteinen des Braunen Jura (Dogger) aufgebaut. Hinter Sammenheim und Dittenheim beginnt der Anstieg von 470 auf 550 m zunächst recht sanft mit dem Opalinuston, der wegen seiner Feuchtigkeit vor allem Wiesen trägt. Seine Wasserundurchlässigkeit macht diesen dunkelgrauen Ton zum wichtigsten Quellhorizont des Albtraufs, weshalb am Nordhang des Berges (unterhalb des unteren Bildrandes) mehrere ergiebige Quellen entspringen. Über dem Opalinuston folgt die erste Steilstufe mit dem 40 m mächtigen Eisensandstein, auf dessen sandigem Boden meist Nadelwald steht (vor allem rechts unten). Die nächsten 10 m werden zunächst aus fossilreichen Eisenoolithkalken, dann jedoch dem braunen Ornatenton aufgebaut. Die geringe Härte dieser Gesteine bewirkt eine Verebnung, auf der sich rings um den Berg Verkehrswege hinziehen. Bei dem Parkplatz (am oberen Bildrand) tritt eine schüttere Quelle aus, die den Ornatenton als Quellhorizont ausweist, auch wenn dieser wegen seiner geringen Mächtigkeit nicht allzu bedeutend ist. Auf diese etwa 50 m breite Verebnungszone folgt die zweite, 30 m hohe Steilstufe, die unten aus Mergeln und Mergelkalken (Malm Alpha) und oben aus den gebankten Kalken des Werkkalks (Malm Beta) aufgebaut ist. Durch die horizontale Lagerung dieser harten Schichten des unteren Weißen Jura findet der Berg seinen Abschluß in einem Plateau von 225 m Breite und 275 m Länge. Vor etwa 100 Jahren begann man hier mit dem Brechen des Werkkalkes für den Haus- und Straßenbau bzw. zum Kalkbrennen, weshalb das Luftbild dort zahlreiche Vertiefungen erkennen läßt. Seine günstigen Verteidigungsmöglichkeiten verdankt der Gelbe Berg vor allem dem Umstand, daß er vom dahinterliegenden Albkörper durch einen Sattel getrennt ist. Dieser in 605 m Höhe liegende Sattel entstand durch zwei ehemalige Wasserläufe im Bereich der heutigen Sträßchen nach Sammenheim (rechts oben) und Dittenheim (links oben), welche seit dem jüngeren Tertiär durch rückschreitende Erosion die dort ursprünglich anstehenden Gesteinsschichten immer mehr abtrugen.

Der Gelbe Berg (oder die Gelbe Bürg) bei Dittenheim ist natürlich auch ein geschichtliches Zeugnis von hohem Rang. Da gibt es Spuren der ausklingenden Jungsteinzeit, der Urnenfelderzeit und vor allem der Hallstattzeit. Die große Stunde der Gelben Bürg kam im 4. Jahrhundert, als dort Alamannen saßen. Fritz-Rudolf Herrmann untersuchte 1968 den Wall und konnte dabei die hier abgebildete Glasschale bergen. Es handelt sich um ein blaß-grünliches Glas mit weißer Fadenauflage, Durchmesser 11,5 cm, ein seltenes Objekt, das in das 4., aber auch 5. Jahrhundert datiert wird. Die Gelbe Bürg spielte noch Jahrhunderte danach eine wichtige Rolle, bis in das 8. Jahrhundert hinein, wahrscheinlich auch als Sitz eines Fürsten.

Scheibenfibeln aus Dittenheim

»Item die von Dittenheim haben ein freies lediges Dorf und hat ihnen keine Herrschaft oder kein Herr nicht weiter dreinzusprechen.« So die Dittenheimer im 17. Jahrhundert. Gehen wir in der Geschichte ausnahmsweise rückwärts. Dieser Spruch der Dittenheimer signalisiert noch einmal ihre alte Unabhängigkeit, als freie Wehrbauern, die erhebliche Sonderrechte und nur dem König zu gehorchen hatten. Solche Verbände von Wehrbauern sind charakteristisch für die alamannische Besiedlung und die alamannische Landnahme. Und die vielen auf -heim endenden Orte um den Gelben Berg, also Dittenheim, Sammenheim, Altheim, Meinheim oder Heidenheim deuten die Wichtigkeit dieses kahl emporragenden Berges an, auch in merowingischer Zeit. Es ist unter diesen Umständen verständlich, daß die Gräberfunde dieses Raumes, besonders aber von Dittenheim, von besonderer Qualität sind. Drei dieser Fibeln können hier gezeigt werden, die sich in der Prähistorischen Staatssammlung in München befinden. Sie sind merowingisch und gehören dem 7./8. Jahrhundert an. Die obere und die linke Fibel bestehen aus gepreßtem Goldblech und sind mit Almandinen besetzt. Die aufgebrachten Golddrähte zeigen die gründliche Freude an der Verzierung, dem Ornament. Das Objekt rechts unten, mit der Darstellung zweier Personen, zeigt über dem Kopf der beiden ein Kreuz – vielleicht die bis jetzt früheste Kreuzdarstellung Altmühlfrankens.

Eine künftige Königin beschenkt Dittenheim

Zu den altmühlfränkischen Orten mit den verworrensten historischen Besitzverhältnissen zählt Dittenheim. 1624 waren zehn Grundherren vertreten: Brandenburg-Ansbach, Pappenheim, Oettingen-Spielberg, Oettingen-Wallerstein, Hochstift Eichstätt, Domkapitel Eichstätt, Reichsstadt Weißenburg, der Deutschorden, die Lentersheim, Absberg und Fuchs von Bimbach (Schwaningen). Selbstredend gab es in diesem heikel strukturierten Ort einige konfessionale Rangeleien. Nicht zuletzt deshalb wundert es auch wenig, daß der nur kurz regierende Markgraf Georg Friedrich von Brandenburg-Ansbach zwischen 1701 und 1703 eine Kirche bauen ließ, die unverkennbar die Handschrift des ansbachischen (und später eichstättischen) Hofbaumeisters Gabriel de Gabrieli zeigt. Ihre etwas später entstandene Ausstattung, durchweg um 1715, mit vielfachem Akanthusschmuck, umfaßt auch eine schöne Kanzel, deren ausnehmend grazile Putten an Insektenflügeln zu schweben scheinen.

Historisch ehrwürdigstes Dokument der Dittenheimer protestantischen Pfarrkirche aber ist eine Stiftung der Ansbacher Prinzessin Wilhelmine Caroline (auch Charlotte), darunter ein Kelch und eine Abendmahlskanne (das mittlere Gefäß gehört nicht in diesen Zusammenhang). Die Vasa sacra zeigen den Fürstenhut und die Initialen der jungen Fürstin. Wilhelmine Caroline, Tochter des Ansbacher Markgrafen Johann Friedrich, 1683 in der Residenzstadt geboren und Halbschwester des Markgrafen Georg Friedrich, heiratete 1705 den späteren König Georg II. von Großbritannien, der mit seiner Ansbacher Gemahlin 1727 den englischen Königsthron bestieg. Die in London 1737 verstorbene Königin galt als eine der tüchtigsten Frauen ihrer Zeit und war unter anderem eine entschiedene und persönlich engagierte Vorkämpferin für die Pockenschutzimpfung. Caroline förderte auch, schon als hannoversche Kurprinzessin, noch mehr als Königin, Georg Friedrich Händel, der ihr manches Werk widmete und eine ergreifende Trauermusik schrieb.

Sausenhofen und sein Michaelsaltar

Das kleine Sausenhofen kann seine Geschichte bis in die Zeit der fränkischen Landnahme zurückverfolgen, wenn man einmal von den jungsteinzeitlichen und römischen Spuren absieht. Verschiedene Herrschaften, so die Grafen von Truhendingen, haben sein Schicksal beeinflußt. Mit »Conrad Truchses von Saußenhofen« wird 1333 sogar eigener Ortsadel greifbar. Allmählich aber kam das Gemeinwesen unter die Herrschaft der Ansbacher Markgrafen, deren Historiograph Johann Bernhard Fischer 1787 lapidar meldet: »Sausenhofen, ein Pfarrdorf, 24 gänzlich Anspachische Unterthanen, 8 Fremde Angehörige«. Und gerade dieses winzig protestantische Gemeinwesen konnte einen der schönsten spätgotischen Altäre des altmühlfränkischen Raumes bewahren: den Michaelsaltar in der gleichnamigen, einstmals vom berühmten Eichstätter Bischof Gundekar geweihten Kirche.

Der farbenprächtige Altar zeigt im Schrein den Erzengel Michael, den Kämpfer, mit der Seelenwaage. Gerade die Franken verehrten ihn als Schutzpatron im Kampf gegen die Heiden und Wäger und Geleiter der Seelen nach dem Tode. Das Andenken an Michael als Schutzpatron der Deutschen lebt nicht zuletzt in der Bezeichnung »deutscher Michel« weiter. Der Sausenhofener Altar besitzt außerdem je zwei bewegliche und zwei stehende Flügel. Im geöffneten Zustand ist eine Marienverkündigung sowie die Taufe Christi im Jordan zu sehen. Die Predella zeigt im Relief die Geburt Christi. Die Vase des Verkündigungsbildes verrät sogar einen Künstlernamen: »Stehelin Leo«. Und ein Standflügel nennt dazu die Jahreszahl 1493. Nachdem der Name Stehelin im benachbarten Pfofeld wiederholt auftaucht, könnte der Meister des Sausenhofener Altares sogar in der unmittelbaren Umgebung ansässig gewesen sein.

Kalbensteinberg und die Rieter

Nürnbergische Patriziergeschichte rauscht auf, wenn von einem der wichtigsten Kunstdenkmäler des Landkreises Weißenburg-Gunzenhausen die Rede ist: Kalbensteinberg. Der Ort gelangte aus dem Besitz der Grafen von Oettingen an den Nürnberger Ulrich Stromer, 1412, der ihn schon 1414 an Andreas Wernitzer weitervererbte, der Kalbensteinberg wiederum seinem Schwiegersohn, Hans Rieter, vermachte. Bis zum Erlöschen der Rieter im Jahre 1753 bestimmte das bedeutende Geschlecht der Noris die Geschichte von Kalbensteinberg und machte die Pfarrkirche geradezu zu einem Wallfahrtsort der Kunst. Im übrigen richteten sie dort ihr Erbbegräbnis ein. Nach kurzer Zugehörigkeit zur Reichsstadt Nürnberg (genauer dem Heilig-Geist-Spital) ging Kalbensteinberg den Weg der Reichsstadt, mit preußischem Zwischenspiel, nach Bayern im Jahre 1806. Vergessen wir nicht, daß Kalbensteinberg nicht nur kunsthistorischen Ruf genießt, sondern auch als Ort des Kirschenanbaus weitum bekannt ist, und dies seit mehr als 200 Jahren. Eine Sehenswürdigkeit zusätzlicher Art ist Kalbensteinberg während der Kirschenblüte; der Ausflug dorthin zählt dann zum guten Ton bei allen Naturfreunden.

Kalbensteinberger Fachwerkpracht

Das Ortsbild von Kalbensteinberg entspricht weitgehend dem des Spalter Landes. Dies ist vornehmlich durch die hohen Dachstühle bedingt, die in mehreren Geschossen mit zahlreichen Lüftungsöffnungen als Trockenböden für den Hopfen dienen. Eines der schönsten Kalbensteinberger Anwesen dieser Art ist das ehemalige Amtsgebäude. Über dem verputztem Erdgeschoß erhebt sich eine mächtige Holzkonstruktion, auf der, mehrfach vorkragend, insgesamt vier Geschosse sitzen, von denen drei als Trokkenböden angelegt sind. Sie sind nicht zuletzt Zeugnisse einer agrarischen Sonderkultur, die, etwa im Spalter Gebiet, eine bis in das Mittelalter zurückreichende Tradition vorweisen kann. Hoffen wir, daß es gelingen möge, diese Dokumente landwirtschaftlicher Technologie in möglichst vielen guten Beispielen zu erhalten.

Die Kirche von Kalbensteinberg und ihre Ausstattung

1463 ließen die Rieter in Kalbensteinberg »ihre« Kirche bauen, die offensichtlich frühzeitig eine sehr gute Ausstattung erhielt, zu der die Glasscheiben in den Chorfenstern, das Chorgestühl, Sakramentshaus und vieles Einzelgut gehören, das in der Reformationszeit aus der Kirche entfernt wurde. Der große Moment für die Kalbensteinberger Kirche, einstmals Maria und Christophorus geweiht, war die Restaurierung durch Hans Rieter 1609 – 1613, der mit offenkundiger persönlicher Begeisterung das heutige Ensemble in den wesentlichen Zügen schuf, dabei viel vorreformatorisches Kunstgut wieder zu Ehren kommen ließ. Ob er deshalb verborgene Sympathien für den Katholizismus gepflegt haben könnte, sei dahingestellt. Jedenfalls, in der Rolle ähnlich dem Hausherrn von Kefermarkt (allerdings mehr als einhundert Jahre vor Hans Rieter), trug er selbst noch zusätzlich Kunstgut zusammen, vor allem nürnbergischer Provenienz. Zwei gotische Tafelbilder etwa wurden von Hans Rieter »seiner Schwester Anna Regina abgehandlet«! Hans Rieter aber schuf nicht nur sein ihm entsprechendes Ensemble, er sorgte auch für die umfassende Wiederherstellung der Kalbensteinberger Kirche. Auf diese Weise hinterließ er ein glänzendes persönliches Dokument, das die Gesamtfamilie Rieter bis heute ehrt.
Ein großartiges Zeugnis der Schnitzkunst um 1460/70 ist der Palmesel auf Rädern, eindrucksvolles Überbleibsel einer untergegangenen Palmsonntagsprozession, vielleicht auch von Palmsonntagsspielen.
Einen unermeßlichen Schatz stellen die Glasfenster dar, die zum Teil schon von Andreas Rieter gegen 1480 gestiftet wurden. Vermutlich handelt es sich um nürnbergische Arbeiten. Unter ihnen fällt ein sehr jugendlicher Evangelist Johannes auf, der mit zauberhaftem Schwung dargestellt ist.
Der rechte Innenflügel des nördlichen Seitenaltars zeigt (Ausschnitt) eine Szene der Kreuzauffindung durch die hl. Helena, und zwar den entscheidenden Moment der Identifizierung des wahren Kreuzes Christi, als durch seine Wunder- und Heilkraft ein Toter zum Leben wiedererweckt wird.

Kalbensteinberg als Grablege

Die Kirche von Kalbensteinberg diente über Jahrhunderte als Erbbegräbnis der nürnbergischen Patrizierfamilie Rieter. Zahlreiche Totenschilde erinnern an die verschiedenen Familienmitglieder. Unter diesen Epitaphien fällt das der Katharina von Lindenfels auf, die wohl eine Verwandte des Hauses Rieter war. Es zeigt einen rührenden Text und ist mit einer, nicht weiter beweisbaren Sage verbunden. »Siehe Da, Eine Herz geliebteste Tochter Zweyer Mütter. Eine trug Sie unter dem Herze. Die Andere in dem Herze. Von einer wurd Sie 1691. gebohren. Von der andern von 1692. biß 1710. erzogen. Der ersten eilt Sie in Himmel nach, die andre läst Sie in Weh und Ach! Dem Gedächtnuß der Reichs Frey Wohlgebohrnen Fräulein, Fräulein Anna Catharina Von Lindenfelß, aus Mütterlicher Wehmuth gestifftet von Hel. Barb. v. Lindenf. geb. v. Reitzenst. Wittib aus den Haus Dirnthal.« Der springende und deshalb unübersichtliche Text des Originals verrät freilich nicht, daß Anna Katharina sich auf einem Ball im markgräflichen Triesdorf »zu Tode getanzt haben«, oder einen Blutsturz erlitten haben soll. Nach anderer Version wurde das Mädchen auf der Reise von Ansbach vom Schlag getrofffen. Nachdem Anna Katharina in einem weißen Festkleid in ihrem Sarg liegt, mag dies zu der Geschichte des »zu Tode tanzens« beigetragen haben.

Früher gehörten die mumifizierten Leichname der Rieter zu den »Sehenswürdigkeiten« Frankens. Heute sind sie durch entsprechende Vorsorge der neugierigen Aufdringlichkeit der Menschen entzogen.

Groteskes in Kalbensteinberg

Die Kirche von Kalbensteinberg birgt ein interessantes Chorgestühl aus dem Ende des 15. Jahrhunderts. Um die Mitte des 19. Jahrhunderts mußte es sich einige Ergänzungen gefallen lassen, die der damals herrschenden Gotik-Begeisterung entsprachen. Zum Altbestand zählen aber die Groteskfigürchen, wie die hier abgebildete, wohl Anspielung auf uralten Abwehrzauber.

Zu den ständig wiederkehrenden Grotesken von Kalbensteinberg ist natürlich auch das »Rieter-Weibchen« zu rechnen, das Familienwappen der Nürnberger patrizischen Familie. Diese »Doppelsirene«, Meerweibchen oder Seejungfrau mit dem doppelten Fischschweif weist auf den legendenhaften Ursprung der Rieter. Danach soll das Geschlecht von der Insel Zypern gekommen sein, oder zumindest dort gelebt haben. Vielleicht auch hielten sich mehrere Familienmitglieder dort während der Kreuzzüge auf. Tatsächlich ist überliefert, daß ein Ritter namens Hans Rieter im 14. Jahrhundert von König Jakob in Zypern einen Wappenbrief bekommen haben soll. Wie auch immer, das Fischweibchen der Rieter gehört zu den anmutigsten Wappen in Franken und hat von unzähligen Bildhauern und Malern immer wieder liebevolle Gestaltung erfahren.

Der Altar der katholischen Pfarrkirche von Absberg – Zeugnis der Toleranz

In der katholischen Pfarrkirche von Absberg, innerhalb des Deutschordensschlosses, befindet sich ein gut proportionierter Altar aus der Endphase des Rokoko, der bereits leichte Anklänge des Frühklassizismus aufweist. Da das Altarblatt die hl. Ottilie, die Augenheilige und Patronin des Elsaß zeigt, würde man zunächst annehmen, daß dieser Altar zur angestammten Ausstattung der kleinen Kirche gehört. Allerdings verrät das Wappen über der Heiligen, daß sich eine andere Geschichte hinter diesem Altar verbergen muß. Oben prangt nämlich das Wappen des Fürstbischofs von Würzburg und Bamberg, Franz Ludwig von Erthal – immerhin ungewöhnlich für eine Kirche in einem Eigenhaus des Deutschordens. Das Rätsel ist schnell gelöst, wenn man erfährt, daß der Altar erst 1840 in Absberg aufgestellt wurde und in Wahrheit aus der Ansbacher Karlshalle, dem 1775 genehmigten katholischen Oratorium stand. Diese Karlshalle in Ansbach, 1777 begonnen, ist ein Markstein in der konfessionalen Entwicklung Ansbachs, ließ doch damit der letzte Markgraf Christian Friedrich Carl Alexander in seiner urlutherischen Haupt- und Residenzstadt Ansbach wieder eine katholische Gemeinde zu. Und dem protestantischen Reichsfürsten Alexander, der damit ein Zeichen seiner religiösen Toleranz setzte, stiftete der katholische Reichsfürst Franz Ludwig von Erthal den jetzigen Absberger Altar. Eine neue Zeit war damit in Ansbach aufgebrochen, das Miteinanderleben von Protestanten und Katholiken eingeläutet. Das Ansbacher katholische Oratorium selbst verlor erst seine Funktion, als in den dreißiger Jahren des 19. Jahrhunderts die Ludwigskirche gebaut wurde. Die Orgel wanderte nach Bettwar – in eine protestantische Gemeinde. Der Altar jedoch, von katholischer Hand für eine lutherische Stadt gestiftet, kam nach Absberg. Daß er in der Farbgebung etwas auf den Rokokocharakter der dortigen Kirche umgestimmt wurde, mag für Denkmalpfleger nicht uninteressant sein.

Das Absberg des Deutschordens

Eigentlich ist die Geschichte des Deutschordens in Absberg relativ kurz, nicht nur im Vergleich mit dem bekannten alteingesessenen ritterschaftlichen Geschlecht der Absberg, sondern auch gemessen an der langen Ordenstradition etwa in Ellingen oder Wolframs-Eschenbach. 1647 jedenfalls war der letzte Absberg-Dornhausen gestorben. Der Orden trat, wenn auch nach einigen rechtlichen und finanziellen Schwierigkeiten, in Absberg an. Es wurde ein Vogteiamt eingerichtet und der »bauwütige« Landkomtur von Hornstein ließ gegen 1725 ein stattliches Schloß erbauen, das wiederum die Handschrift von Franz Keller und Franz Joseph Roth zeigt.
Inmitten der Hauptfassade prangt das Wappen des obersten Bauherrn, des Hoch- und Deutschmeisters Franz Ludwig, Pfalzgraf von Neuburg, ein Wittelsbacher von außerordentlicher reichspolitischer Bedeutung.
In den Jahren 1723/24 entstand die Absberger Deutschordens-Schloßkapelle, die 1727 eingeweiht wurde und heute als Pfarrkirche dient. Gegenüber der Kanzel ist eine Mariengruppe mit einem feinen Rokokobaldachin zu sehen.
Die Stuckarbeiten der Decke verbinden Bandlwerk und Akanthusranken. Unter der Orgel ist das Wappen des Landkomturs Karl Heinrich von Hornstein angebracht.

INRI

ANNO·DÑI·M·D·LXII·IAR·AM·MITWOCHEN·DEN·XI·
TAG·MARCIJ·IST·IN·GOT·VERSCHIDEN·DER·F·DEL·VND
VEST·HANS·CHRISTOF·VON·VND·ZV·ABSPERG·SO·
ALHIE·BEGRABEN·LEIT·DEM·GOT·DER·ALMECHIG·
GENEDIG·SEJ·VND·IME·AIN·FRELICHE·AVFFERSTE·
VNG·VND·VNS·ALLEN·VERLEICHE·WELF·AME·

Das Absberg der Absberg

»Absperg ein teutschordischer Flecken zur Kommende Ellingen gehörig. Er ist mit katholischen und evangelisch-lutherischen Einwohnern besetzt, und hat deswegen auch eine katholische und eine evangelische Pfarrey. Letztere genieset den Vorzug des Genusses der Zehenden, der Hochzeit, Kindtauf und Leichengebühren auch von katholischen Einwohnern.« So berichtet Johann Bernhard Fischer 1787 und deutet damit die zwei Seiten der Absberger Ortsgeschichte an. Wie schon erwähnt, kam der »Flecken« am Ende des Dreißigjährigen Krieges an den Deutschorden. Seine vorherige Geschichte aber ist mit dem Namen eines der ältesten fränkischen Adelsgeschlechter verbunden, eben der Absberg, die reichsunmittelbar waren, zum Ritterkanton Altmühl gehörten, etliche Haudegen hervorbrachten und sich mit Hans Veit von Absberg-Dornhausen aus der politischen Landkarte Frankens 1647 verabschiedeten. Trotz des Erlöschens der Absberg blieb aber das »Absberg der Absberg« protestantisch, gemäß der frühzeitigen Entscheidung des Geschlechtes für die Reformation.

So besitzt auch Absberg eine protestantische Pfarrkirche, deren erster Bau, wie so oft, von Bischof Gundekar von Eichstätt im 11. Jahrhundert geweiht wurde. Der Bau der jetzigen Pfarrkirche geht jedoch auf das Jahr 1598 zurück. Er birgt zahlreiche Grabdenkmäler der Herren von Absberg, darunter für den letzten seines Geschlechts, Hans Veit, mit dem gestürzten Wappen. Am aufwendigsten ist das Epitaph für Hans Christoph von Absberg, der 1562 verstarb. Der Verewigte kniet vor dem Gekreuzigten; im Hintergrund ist Jerusalem zu erkennen.

Der Hopfen – eine Nachfolgekultur des Weines

Nur etwa 10 km nördlich der Altmühl beginnt bei Ellingen und Pleinfeld das Spalter Hopfenbaugebiet. Die Hopfengärten mit ihren hoch aufragenden Stangen verleihen der dortigen Landschaft ein eigenes Gepräge, ebenso wie es die hochgiebeligen, mit Hopfentrocknungsböden ausgestatteten Häuser in den Dörfern tun, wie es die Häuser in Absberg zeigen. In Spalt selbst ist der Hopfenbau seit dem Jahre 1341 belegt. Dort und auch weiter südlich hatte man, vor allem vom Kloster in Spalt aus, Weinbau betrieben. Von Karl dem Großen wissen wir, daß er den Spalter Rebensaft hochschätzte. Allmählich verdrängte jedoch der Hopfen die Weinrebe, so daß beispielsweise im Jahre 1550 in dem alten Weindorf Großweingarten bereits mehr Hopfen als Wein angebaut wurde, obwohl man den Weinbau noch bis 1723 weiter betrieb. Aufgrund des kleinflächigen, risikoreichen Anbaus, des spekulativen Charakters und des hohen Arbeitsaufwandes ähnelt der Hopfen dem Wein, so daß die Umstellung auf diese Nachfolgekultur des Weines nicht allzu schwierig war. Große Förderer des Hopfenbaus waren die Bischöfe von Eichstätt, an die u.a. der ehemalige Spalter Klosterbesitz gekommen war. Viele Dörfer gehörten als Exklaven innerhalb des ehemals markgräflich-ansbachischen Territoriums daher zum Hochstift Eichstätt, was später ein häufiges Nebeneinander von protestantischen und katholischen Gemeinden zur Folge hatte. Und gerade in diesen katholisch gebliebenen Orten ist auch heute noch der Hopfenbau von großer Bedeutung. Alle Gemeinden, bei denen über 10 % der Ackerfläche von Hopfen eingenommen werden, liegen in der ehemaligen fürstbischöflichen Exklave. Somit sind also nicht bestimmte Bodenarten, sondern historisch-wirtschaftliche Gründe für die Verbreitung des Hopfenbaus verantwortlich. Obwohl die Hopfenflächen zu Beginn des 18. Jahrhunderts weiter ausgedehnt worden waren, veranlaßte im Jahre 1711 der Mangel an Hopfen den Bischof von Eichstätt zu einem Exportverbot für den Spalter Hopfen in umgebende Territorien. Als Ende des 18. Jahrhunderts Verbesserungen in der Braukunst erfolgten und durch wirtschaftlichen Aufschwung mehr Geld unter die Leute kam, erlebte der Hopfenbau eine Phase der Hochkonjunktur. Entsprechende Düngung, Schädlingsbekämpfung und Sortenwahl führten nach dem Zweiten Weltkrieg nicht nur zur Ertragssteigerung, sondern auch zur Ertragssicherheit. Außerdem erfolgt heute der Absatz der Ernte zu einem erheblichen Teil über Vorverkaufsverträge, was die Spekulation auf den Freihopfen beschränkt. Die Scharen der Hopfenzupfer, die früher bis von Dinkelsbühl und Neumarkt hierherkamen, verschwanden mit der Einführung mechanischer Erntemaschinen. Die Reben, die sich während ihres Wachstums um den langen Draht geschlungen haben, werden vom Boden aus mitsamt dem Draht heruntergezogen, abgeschnitten und auf Wagen zur Maschine transportiert, die dann das eigentliche Zupfen der Dolden erledigt. Auf unserem Bild werden oben hängengebliebene Rebteile heruntergeholt und gesammelt.
Das Bild der Bauernhäuser, wie in Absberg, mit riesigen Trockenböden, beherrscht die Landschaft.

Pfofeld und seine Michaelskirche

Der kleine Ort Pfofeld, selbst als »Phalvelt« 1208 erstmals genannt, birgt die älteste Kirche des einstigen Landkreises Gunzenhausen. Ihre, wenn auch verstümmelt, noch vorhandene Bauinschrift weist auf zwei große Gestalten des 12. Jahrhunderts: Otto den Heiligen, den Pommernapostel, Bischof von Bamberg (und heute noch einer der Bamberger Diözesanpatrone) sowie »Gebehard« II., Bischof von Eichstätt. Otto erbaute die Pfofelder Kirche seinem Lieblingsheiligen Michael; Gebhard erteilte die Zustimmung, war also der zuständige Bischof. Da Gebhard sein Pontifikat 1125 angetreten hat, Otto 1139 verstorben ist, ergeben sich daraus recht eng eingegrenzte Baudaten, die auf der Bauinschrift selbst verloschen sind, wenn man von der Nennung des Valentinstages absieht. Wahrscheinlich blieb der ehrwürdige romanische Bau bis in das 18. Jahrhundert hinein unverändert, wo wir allerdings 1761 durch Gottfried Stieber erfahren, daß die »dasige Kirche . . . im Jahr 1734. wegen großer Baufälligkeit, wieder zur Nothdurft hergestellt.« Was vom mittelalterlichen Bestand trotz der Eingriffe des 18. Jahrhunderts blieb, ist faszinierend, so der Chorturm mit seiner halbrunden Apsis samt Rundbogenfries und Gurtbändern. Auch das Innere der Kirche atmet den Geist des hohen Mittelalters, vor allem durch die umfassende Restaurierung, deren Jahreszahl 1976 am Turmäußeren zu sehen ist. Und dann setzt sich auch noch das Spätmittelalter durch die nach dem Zweiten Weltkrieg freigelegten Fresken mit größter Eindringlichkeit in Szene.

Die Fresken von Pfofeld

Nach dem Zweiten Weltkrieg wurden im Turmuntergeschoß und im Ostteil der Pfofelder Michaelskirche Fresken freigelegt, die in ihrem vergleichsweise hervorragenden Erhaltungszustand ein gutes Bild einer Kirchenausmalung aus der Mitte des 15. Jahrhunderts geben.

Über dem protestantisch-schlichten Altar – er zeigt das große Staatswappen des Markgrafen Carl Wilhelm Friedrich von Brandenburg-Ansbach und wurde 1753 aufgestellt – sind die Evangelistensymbole zu sehen, links und rechts von ihm zwei Apostelkreuze. Den Chorbogen schmückt ein Verkündigungsfresko, unter dem zwei Stifterfiguren dargestellt sind.

Die nördliche Seitenwand stellt den Erzengel Michael in den Mittelpunkt, den Kirchenpatron von Pfofeld, der mit seinen typischen Attributen, Schwert und Seelenwaage, zu sehen ist. Ihm assistieren die heilige Helena, Kaiserin und Auffinderin des Kreuzes Christi, sowie die heilige Apollonia, der beim Martyrium die Zähne ausgeschlagen wurden. Darunter ist Christus mit seinen Leidenswerkzeugen dargestellt, das sogenannte Wappen Christi (arma Christi), ein gerade im 15. Jahrhundert beliebtes Andachtsthema.

Eine weitere Freskengruppe widmet sich dem Gleichnis der klugen und törichten Jungfrauen. Während die klugen Christus mit aufrechten, brennenden Öllampen erwarten, verfügen die törichten beim Erscheinen des Herrn über kein Öl mehr und sind deshalb verzweifelt, mit umgedrehter, also leerer Öllampe dargestellt. Die hier abgebildete törichte Jungfrau trägt bezeichnenderweise reichere Kleidung. Noch heute ist dieses Gleichnis in den christlichen Kirchen mit dem Lied »Wachet auf, ruft uns die Stimme!« lebendig.

Auch wenn die obige Schreibung widersprüchlich scheint, an der Zusammengehörigkeit des kleinen Thannhausen und des sagenumwobenen Minnesängers soll nicht gerüttelt werden. Und das nicht nur, weil Thannhausen 1955 das Recht erhielt, das Wappen des Tannhäusers als Gemeindewappen zu führen, so wie es die berühmte Manessische Liederhandschrift zeigt. Er erscheint dort als Deutschordens-Mitglied im weißen Mantel mit schwarzem Kreuz – weitere Hinweise gibt er nicht. Und daher kommt es auch, daß um die Herkunft Tannhäusers immer noch gestritten wird, wenn auch nicht in dem Ausmaß wie bei Walther von der Vogelweide. Immerhin wissen wir, daß er im Dienst Kaiser Friedrichs II. und dessen Sohn Heinrich (VII.) gestanden hat. Vielleicht hat er doch einen Hinweis gegeben, wohin er gehört. In seinem Kreuzlied, wahrscheinlich von 1228/29, sagt er nach der gelehrten Aufzählung der ihm bekannten Winde unvermittelt: »Waer ich uf dem sande . . .« Vielleicht Hinweis auf den »Sand«, wo unser Thannhausen liegt? Im übrigen lebt der Tannhäuser nicht nur in der Sage weiter, sondern auch mit Melodien, vor allem bei den Meistersängern, in der Kolmarer Liederhandschrift, im Singebuch des Adam Puschmann, oder in einer Handschrift aus Dießen am Ammersee, wo die Melodie des Tannhäusers sich hinter dem Text »Syon egredere« versteckt. Nur am Schluß gibt sich der Dichterkomponist mit dem mittelhochdeutschen Satz »Der sait der ist entzwai« zu erkennen! Und im Tannhäuser-Leich »Ich lobe ein wip« heißt es eben am Schluß: »Nu ist dem videlaere Sin videlboge enzwai«.
Unser Bild zeigt eines der gut bewahrten Anwesen Thannhausens mit den ausgedehnten Hopfen-Trockenböden.

Selbstverständlich gab es in dem sehr alten Thannhausen auch den einschlägigen Ortsadel, 1215 einen »Siboto de Thanhusen«, 1253 »Hermannus de Tannhusen«. Sogar der Deutschorden war dort begütert, was das Ordenskleid des Tannhäusers ebenso erklären würde, wie seine Beziehungen zu Nürnberg und St. Jakob. Ein Burgstall ist außerdem unweit des heutigen Thannhausen noch zu erkennen.

Die Kirche von Thannhausen, dem hl. Bartholomäus geweiht, besitzt eine außergewöhnliche Kanzel von 1470, die unter die ältesten ihrer Art in Altmühlfranken gerechnet werden muß. Der heutige Bau von St. Bartholomäus ist freilich erheblich jünger und stammt aus dem Jahre 1869, während der Turm weitgehend alte Substanz bewahren konnte.

Eckpfeiler eichstättischer Politik: Pleinfeld

»Pleinfeld, das Eichstättische Kasten- und Vogtamt im Oberlande, welches aber in Sperrsachen noch zum mittlern Hochstifte gerechnet wird, gränzt gegen Osten an das Pfalzneuburgische; gegen Süden an das Teutschherrische und das Ansbachische Amt Stauf; gegen Westen an jenes von von Gunzenhausen; gegen Norden endlich an das Amt Roth.« Mit diesen wenigen Worten enthült Johann Kaspar Bundschuh 1801 die strategische Bedeutung des alten Amtes Pleinfeld und natürlich auch den Rang des Marktes Pleinfeld selbst im Rahmen der eichstättischen Territorialpolitik. 1302 waren Pleinfeld und Sandsee an die Eichstätter Bischöfe gekommen und sofort wichtige politische Stützpunkte geworden. Bischof Wilhelm von Reichenau bereits gab Pleinfeld 1483 das Marktrecht. Wenig später durfte sich der Ort mit kaiserlicher Genehmigung befestigen. So entstand auch 1568 das Spalter (oder Nürnberger) Tor. Erwähnen wir noch, daß Pleinfeld vom 12. bis zum 14. Jahrhundert ebenfalls seinen eigenen Ortsadel besaß und Wolfram von Eschenbach in seinem Parzival den Burgherren von »Bleinfelden« erwähnt. Daß Wolfram und sein Geschlecht deshalb nicht nur beiläufig mit Pleinfeld in Verbindung gebracht wurde, sei nicht vergessen.

Der Markt Pleinfeld gehört zu jenen Gemeinwesen, die viel Schönes im Detail bieten können, auch wenn eine Sehenswürdigkeit überregionalen Ranges nicht vorgezeigt werden kann. Dafür besitzt der geschlossen wirkende Ort viel Atmosphäre, kräftiges Fachwerk, aber auch barocke Putzfassaden. Optischer Mittelpunkt ist die katholische Pfarrkirche St. Nikolaus, die eine sehr originelle Anlage darstellt und sich heute in der Baukonzeption von 1770 darbietet, allerdings mit einer modernen Erweiterung. Von guter Qualität sind die Altäre nebst der Kanzel, die alle der ersten Hälfte des 18. Jahrhunderts zugehören. Das Pleinfelder Schloß birgt einen mittelalterlichen Kern, wenn auch wesentliche Teile wiederum der Barockzeit zuzuordnen sind. Eine weitere Serie von guten Bauten des 17. und 18. Jahrhunderts bringt immer wieder in Erinnerung, daß die maßgeblichen Bauherren am Ort Eichstätts Fürstbischöfe waren, die Pleinfeld stets als einen wichtigen Stützpunkt im Norden des Hochstifts betrachteten und dementsprechend ausstatteten. So ist auch ein Teil der Ummauerung erhalten, die fast ausschließlich nach Westen gerichtet ist, während im Osten die Rezat als Schutz herhalten mußte.

Allmannsdorf – ein Zugewinn

Über Allmannsdorf zu berichten, heißt eichstättische Geschichte aufklingen zu lassen, mit ihr natürlich auch die Pleinfelder, dem die Ortschaft in ihrer Vergangenheit bereits eng verbunden war. 1302 werden »Obern- und Niedernalmanstorf« erstmals erwähnt – vergleichsweise spät also, was aber, bei der herrschenden Urkundenlage, nicht den Schluß erlaubt, eine noch ältere Geschichte von vornherein abzutun. Dagegen spricht schon das Untergeschoß der katholischen Lorenzkirche. Sie birgt einige gute Plastiken von der Wende des 15. zum 16. Jahrhundert. Einen guten Rang belegt auch der abgebildete Fachwerkbau, der gerade durch seine Restaurierung entscheidend gewonnen hat und einer der vielen Beweise ist, daß das fränkische Land auch dort Sehenswürdigkeiten zu bieten hat, wo manche Reiseführer sich in Schweigen hüllen.

Die Burg Sandsee

Zu den schönsten und geschlossensten Höhenburgen Frankens gehört die Burg »Sandesere«. 1302 wurde sie von Graf Gebhard von Hirschberg an das Hochstift Eichstätt verkauft. Genau 500 Jahre sollte sie unter der Herrschaft des Krummstabes verbleiben und den Bischöfen von Eichstätt als wehrhafter Stützpunkt im »Oberen Stift« wertvolle Dienste tun. Und die in die Zeit der Hirschberg zurückreichenden Mauern samt dem Bergfried taten lange ihren Zweck. Prominente Vertreter des fränkischen Adels saßen hier, soweit sie nicht vorzogen, in das gastlichere und wirtlichere Pleinfeld hinabzusteigen: Die Leonrod, Arberg und andere. Einige Wunden erlitt die Burg bei den kriegerischen Auseinandersetzungen zwischen dem wittelsbachischen Herzog Ludwig und dem Ansbacher Draufgänger Albrecht Achilles. Der bedeutende Eichstätter Bischof Wilhelm von Reichenau mußte diese Wunden heilen. Im Dreißigjährigen Krieg wurde Sandsee von den Schweden niedergebrannt. Diesmal mußten fast drei Jahrzehnte vergehen, bevor Eichstätts Fürstbischof Marquard Schenk von Castell an eine Wiederherstellung denken konnte. Mit dem Ende des Alten Reiches kam die Burg an Bayern, 1817 an die Fürsten von Wrede, die das »alte Schloß«, (einen Wohnbau) und die Kapelle abtragen ließen. Trotz dieser herben Verluste bildet die Burg ein landschaftsbeherrschendes Ensemble, blickt herab auf den »Sand«, den wohl schon der Tannhäuser besang.

Theilenhofen – ansbachische Ansprüche ohne Untertanen

Wer bei Johann Bernhard Fischer schmökert, wird über Theilenhofen zu seiner Ver-
wunderung lesen: »Theilenhofen, ein Pfarrdorf, Unterthanen: 1 gänzlich anspachischer,
56 Fremde Angehörige.« Und wenn man bei Gottfried Stieber, einige Jahre vorher liest:
»Theilenhofen. Ein in dem Umfang des Ober-Amts Gunzenhaußen, zwischen dieser
Stadt und der Reichs-Stadt Weissenburg gelegenes Dorff, in welchen eine an das De-
canat zu gedachten Gunzenhaußen gewiesene Pfarr, eine ehehin der heil. Agathae ge-
wiedmete Kirche, nebst einer Schul, und eine mittelmäßige Anzahl von Einwohnern
anzutreffen, welche gröstentheils, dem Teutschen Orden angehörig sind . . . Der Pfarr-
Saz daselbst stehet dem Hochgräfl. Hauß Pappenheim zu . . .«, so weiß bei dieser harm-
los erscheinenden Konstatierung jeder sofort, daß sich je nach aktuellem Interesse,
augenblicklicher Macht und der prognostizierten Zukunftsaussichten wechselweise
der Deutschorden, die Pappenheimer und die Markgrafen das Leben sauer machten
und untere Chargen sich durchaus auch zwischendurch auf den Kopf haben schlagen
dürfen. Aber all dies ist verblaßt vor der Nachricht, daß schon im 18. Jahrhundert »in
dessen (Theilenhofens) Gegend römische Begräbnisse gefunden werden«. Und wenn
auch der Brunnen vor Theilenhofen, auf der Hochebene, malerisch wirkt und ferne
Assoziationen hervorruft, die heute fesselnde Geschichte Theilenhofens wird durch die
großartigen Römerfunde und -ausgrabungen bestimmt, auch wenn der markgräfliche
Berichterstatter zetert, daß Theilenhofen doch ein ansehnliches Pfarrdorf sei und, wie
konnte er beim damaligen wissenschaftlichen Stand anders, vom »Druiden-Fuß« stam-
melt.

Seit mehr als einem Jahrhundert ist Theilenhofen als Fundstätte römischer Altertümer und Kulturreste bekannt. Man erzählt sich sogar, daß die Bauern des Gemeinwesens ihr Bier in den Gaststätten mit römischem Geld bezahlten – und das im 19. Jahrhundert! Im Nordwesten Theilenhofens lag das römische Kohortenkastell Iciniacum. Gegen die Mitte des 2. Jahrhunderts war es ein Steinbau, der eine rund 500 Mann starke Besatzung beherbergte, die »Cors III Bracaraugustanorum equitata«. Dieses Kastell ging um die Mitte des 3. Jahrhunderts unter, als die Limesverteidigung zusammenbrach. Die Erforschung der Geschichte von Iciniacum erhielt neuen Aufschwung, als 1968/69 im Zuge der Flurbereinigung das Kastellbad aufgegraben werden konnte. Es ist inzwischen restauriert und zur Besichtigung freigegeben worden.

Einer der spektakulärsten Neufunde des letzten Jahrzehnts ist der Prunkhelm von Theilenhofen. Er wurde bei einem Wettpflügen im Jahre 1974 freigelegt, wobei die einzelnen Helmteile bis zu fünf Meter im Boden auseinandergerissen waren und zum Teil erst bei einer Nachgrabung im Jahre 1975 aufgefunden wurden. Der versilberte Bronzehelm besitzt einen dreifachen Kamm. Vorne befindet sich ein aufrecht stehender Adler. Daneben sind springende Löwen zu sehen. Die Wangenklappen zeigen ebenfalls je einen Adler. Eingepunzte Inschriften weisen unter anderem auf die bereits oben genannte Kohorte hin. Der Helm ist insgesamt 39 cm hoch.

Die folgende Seite zeigt ein einsetzbares Helmvisier, das aus dem 2. Jahrhundert nach Christi stammt. Es wurde 1841 im Bereich des Vicus des Römerkastells Biriciana in Weißenburg gefunden. Das Original wird im Markgrafenmuseum Ansbach verwahrt.

Die heute konservierten Reste des Theilenhofener Kastellbades lassen sich ihrer Funktion nach genau bestimmen. Im Vordergrund rechts der Umkleideraum (apodyterium), dahinter (rechts) ein Kaltwasserbad (frigidarium), links daneben ein Laubad (tepidarium), weiter links das Warmbad (caldarium). Im Vordergrund die Wanne des Kaltbades (mit den Stufen) und links daneben das Schwitzbad.

Weimersheim und seine Fresken

»Ein nicht weit von der Reichs-Stadt Weissenburg am Nordgau, und der Veste Wülzburg, an einem in die Schwäbische Rezat einfallenden geringen Bächlein . . . gelegenes
. . . wohlangebautes Dorff. Es findet sich daselbst eine ehehin dem heil. Veit geweyete
Kirche . . .« Und eben diesem Vitus oder Veit gelten die spätmittelalterlichen Fresken in
der Pfarrkirche von Weimersheim. Sie schildern die Marter des Heiligen, der sein Leben
während der Christenverfolgung durch Diokletian verlor. Der obere Teil des Freskos
zeigt den Heiligen im heißen Ölkessel, dem er unversehrt wieder entstieg – die Kupfer-
schmiede erwählten deshalb Veit zu ihrem Zunftpatron. Ein weiterer Freskenrest, wohl
eine Grundskizze, stellt die Gottesmutter mit dem gekrönten Jesuskind dar. Der Ort
Weimersheim selbst erscheint bereits 914 unter dem Namen »Vuimeresheim«. Einein-
halb Jahrhunderte später weihte hier Bischof Gundekar von Eichstätt die Kirche von
»Wimirisheim«. 1504 kam der Ort an die Ansbacher Markgrafen, »von welchen, und
zwar im Jahr 1532. von Herrn Marggraf Georgen, die Brandenburgische Kirchen-
Ordnung und Evangelische Lehre alda eingeführet, auch Leonhard Wedel zum ersten
Evangelischen Pfarrer dahin verordnet worden.«

Stopfenheim und seine Deutschordenskirche

Auch die greifbare Geschichte von Stopfenheim beginnt mit einer Kirchenweihe des Bischofs Gundekar von Eichstätt. Bereits 1320 erhält der Deutschorden das Patronat über eine Kirche in Stopfenheim. Dennoch tauchen noch viele Namen in der Ortsgeschichte auf, bevor der Deutschorden endgültiger Gesamtbesitzer wird: Seckendorff, Rieter, Gozmann, Truchseß von Pommersfelden. 1566 schließlich war es soweit, daß der Orden die alleinige Ortsherrschaft antreten konnte. Unbestrittener Mittelpunkt von Stopfenheim ist die vom Ordensbaumeister Matthias Binder erbaute Pfarrkirche St. Augustin, die seit ihrer Restaurierung im Jahre 1970 mehr als zuvor ihre Umgebung beherrscht. Von 1773 bis 1775 wurde der prächtige Bau aufgeführt, der behutsame Anklänge des Frühklassizismus vorwegnimmt. Und wenn auch die Kirche dem Heiligen Augustin geweiht ist, so zieren doch die Lieblingsheiligen des Deutschordens die Außenfassade: in der Mitte eine Maria Immaculata, flankiert von dem ritterlichen Georg und der Landgräfin Elisabeth von Thüringen. Schier imposanter setzt sich jedoch das Wappen des Hochmeisters Karl Alexander Herzog von Lothringen mit dem Fürstenhut in Szene; darunter prangt das Wappen des Landkomturs Franz Sigmund Albert von Lehrbach, des eigentlichen, in Ellingen residierenden Bauherrn. Das festliche, äußere Erscheinungskleid der Kirche von Stopfenheim findet natürlich seine heitere Parallele im Inneren, wo sich Frühklassizismus, Rokoko und Bandlwerk zwanglos begegnen – ein Kompendium der Gestaltungskunst quer durch das 18. Jahrhundert mit seinen wechselnden Ausdruckspaletten.

Ellingen und der Deutschorden

Es gibt keinen Ort des altmühlfränkischen Raumes, dessen Geschichte und Stadtbild länger und nachhaltiger vom Deutschorden geprägt worden sind, als Ellingen. 899 wird in einer Urkunde Kaiser Arnulfs das Reichsgut »Ellingen« erwähnt; Bischof Gundekar von Eichstätt weihte zwischen 1057 und 1075 eine Kirche, die schon das Georgspatrozinium besaß. Gegen 1180 stifteten Walter und Kunigunde von Ellingen ein Spital, das sie Kaiser Friedrich Barbarossa auftrugen. Sein Enkel, Friedrich II., übergab es 1216 dem Deutschorden, der nahezu sechs Jahrhunderte lang die Geschichte Ellingens gestalten sollte. Reicher Güterzuwachs, vor allem durch Schenkungen des fränkischen Adels, aber auch durch Kauf, gestattete die Bildung einer erstmals 1269 erwähnten Kommende des Ordens. Ihr verlieh König Ludwig der Bayer die Hochgerichtsbarkeit. Seit dem Anfang des 15. Jahrhunderts avancierte Ellingen schließlich zum Amtssitz des Landkomturs der mächtigsten und reichsten Ballei des Ordens: Franken, hinter dessen Namen sich umfangreiche Ordensbesitzungen quer durch Süddeutschland verbergen. Und bis 1787 sollte Ellingen Residenz des Landkomturs bleiben. Seinen Landkomturen verdankt auch Ellingen das außergewöhnlich geschlossene Bild einer fürstlichen Residenzstadt des Barock und Rokoko – mit einer durchaus eigenständigen Variante des Rokoko, die vor allem dem Wiener Franz Joseph Roth und Matthias Binder zu verdanken ist. Mit der monumentalsten Ellinger Bauleistung, dem Residenzschloß, ist freilich noch ein anderer kongenialer Baumeister in einem Zug zu nennen: Franz Keller, der mit barocker Wucht und ungehemmter Repräsentationsfreude Haupt- und Nebenflügel erbaute. Tragen wir noch nach: 1805 endete auch in Ellingen die Souveränität, Bayern trat das Erbe des Deutschordens an.

Das Ellinger Residenzschloß

Wer vor der sinnenfrohen Südfassade des Ellinger Schlosses steht, vermag kaum zu ahnen, daß sich in diesem aufrauschenden Werk des Barock auch ältere Baureste bergen, die noch am ehesten im Chor der Schloßkirche abzulesen sind. 1552 hatte der zollerische Wüterich Markgraf Albrecht Alcibiades von Brandenburg-Kulmbach Schloß Ellingen niedergebrannt. Bis 1573 brauchte man zur Schadensbehebung, wie die Glocke der Schloßkirche chronikalisch festgehalten hat: »1552 iar dises haus und khirch verbrennet war, geplindert wider got und ohne recht durch den jungern marggraff albrech, aber itz 73 gezölt, sy widerum mit glocken ziert und bstölt, der ewigen dreyhait zu lob und ehr, volpert von schwalbach, teutschs ordens her, landcometur der boley francken.« 1632, im Dreißigjährigen Krieg, ließen dann die Schweden Ellingen in Schutt und Asche versinken, löschten es förmlich aus. Ähnlich wie in Ansbach dauerte es auch in Ellingen bis zum Beginn des 18. Jahrhunderts mit einem umfassenden Neuaufbau. Der Dürrwanger Franz Keller, berufen und angefeuert durch den hochbedeutenden Landkomtur Karl Heinrich Freiherr von Hornstein, begann dann einen vollständigen Neubau der Residenz, zu dem der oettingische Baurat W. H. Beringer Entwürfe beisteuerte. Auf den 1724 verstorbenen Keller folgte dann der Wiener Franz Joseph Roth, Stukkateur und Baumeister, mit dem bald das faszinierende Feuer des Rokoko nach Ellingen hineinlodern sollte. Roth stukkierte auch mit subtiler Eleganz das von Franz Keller 1719 entworfene Treppenhaus – eine Meisterleistung der Epoche.

Intarsien im Ellinger Schloß

Das Schloß Ellingen bewahrt, im ersten und zweiten Obergeschoß, reichgestaltete Intarsienarbeiten an Wänden und im Fußboden, die in ihrer Virtuosität und Originalität überregionalen Rang besitzen. Sie weisen sich in der Felderumrahmung schnell als Vertreter der Bandlwerk-Zeit aus, gehören also in die Jahre 1720/30, als Keller und Roth tätig waren. Als ausführende Künstler möchte man den Hofschreiner Johannes Waltz nennen, der 1719 in den Ellinger Baurechnungen greifbar wird. 1720 wird auch der Ankauf von Wurzelmaserholz, Oliven- und Purpurholz verzeichnet und dürfte sich auf die Ausgestaltung der Intarsienkabinette beziehen. Die hier abgebildeten Groteskfiguren sind von besonderem Interesse, vielleicht Callot-Nachklänge. Bemerkenswert ist das auftauchende Instrumentarium. So fiedelt ein Buckliger auf dem Bratenrost, ein zweiter Buckliger bläst die Sackpfeife. In einem anderen Feld ist ein Spieler des Langhorns zu erkennen, während sein Pendant die Traversiere, also Querflöte, traktiert. Zwischen ihnen, mit dem gerollten Blatt, steht möglicherweise ein Kapellmeister. Es sei noch angemerkt, daß die gezeigten Ausschnitte nur einen Bruchteil der vielfältigen, eigentlich nicht restlos gedeuteten Intarsien-Bilder darstellen.

Die Ellinger Schloßkirche

Einer der eigenwilligsten Bauten Ellingens ist die Schloßkirche, die zwei Schaufassaden zeigt, eine zum Schloßhof, die andere nach Norden. Sie läßt von außen nicht erkennen, daß sich noch wesentliche gotische Bauteile in ihr bergen, die vor allem die Ausgestaltung des Chores maßgeblich beeinflußt haben. 1718, unter Franz Keller, war eine erste barocke Ausstattung erfolgt, 1748/51 eine zweite, die entscheidend von Franz Joseph Roth beeinflußt war, allerdings wohl auch das Ende seiner Baumeisterkarriere beim Deutschorden brachte. So steht auch der Name Matthias Binder folgerichtig für die Vollendung der Schloßkirche.

Grazile Leichtigkeit kennzeichnet den Turm, den Roth 1748 begonnen, Binder jedoch 1751 vollendet hat. Risse im Turmbau beendeten wohl den künstlerischen Weg des Stukkators und Baumeisters Roth, der ohne Zweifel dennoch zu den großen Gestaltern seiner Generation gehört.

Das Innere der Schloßkirche, zu dessen Gestaltung eine Fülle hochrangiger Künstler beitrug, ist im Westen von einer mächtigen, zweigeschossigen Orgelempore ausgefüllt, die von dem gleichfalls 1718 entstandenen Instrument mit seinem kraftvollen Prospekt bekrönt wird.

Handwerklich und künstlerisch hochrangig sind auch die Betstühle, deren üppige Schnitzereien Akanthus und Bandlwerk verbinden. Man wird deshalb kaum fehlgehen, sie in die erste Umbauzeit unter Franz Keller, also 1718 und Folgejahre zu datieren.

Die Künstler der Ellinger Schloßkirche

Ellingen war unter der Regierung des Landkomturs Karl Heinrich Freiherr von Hornstein (1708 – 1745), aber auch seiner Nachfolger, ein Zentrum baulicher und künstlerischer Aktivitäten, das erhebliche überregionale Anziehungskraft besaß. Unter den Baumeistern Franz Keller, Franz Joseph Roth und Matthias Binder wurden auch in den umfangreichen Streubesitzungen des Ordens außerordentliche Leistungen vollbracht. Sicher geht man nicht zu weit, wenn man Ellingen unter den fränkischen Residenzstädten von Rang, etwa den Markgrafenstädten Ansbach und Bayreuth, den fürstbischöflichen Städten Würzburg, Bamberg und Eichstätt ein charaktervolles Eigengesicht zubilligt, jedenfalls in der Epoche von Barock und Rokoko. Deutlich wird die Anziehungskraft von Ellingen besonders in der erstaunlichen Reihe von Künstlern, die für die Schloßkirche und deren Ausgestaltung zum Einsatz kamen. Erwähnen wir vor allem den Stukkator Franz Xaver Feichtmayr aus Augsburg, der unter anderem den Hochaltar schuf. Da sind aber auch die Bildhauer Johann Friedrich Maucher, Johann Wagner, der am Portal tätig war, und Leonhard Meyer mit den Turmfiguren. Das Altarbild malte 1684 der Würzburger Oswald Onghers. Natürlich wurden auch tüchtige einheimische Handwerksmeister beschäftigt, so Johann Veit Biber, der die Kanzel schuf, oder Dominikus Biber, der für die Kirchentüren verantwortlich zeichnet. Die Gitter wiederum wurden von den Ellinger Schlossern Adam Steinmetz und Martin Koller gearbeitet. Fast möchte es man nicht glauben, daß diese gemeinschaftliche Leistung des Schloßkirchenbaus 1809 zum Tode verurteilt schien, als die bayerische Aufhebungskommission die Kirche als überflüssig erklärte. Schon waren die Altarbilder nach Ansbach abgewandert, als die Übernahme Ellingens durch den Fürsten von Wrede die angehende Zerstörung stoppte. Und als erstes kamen die Altarbilder zurück; das reiche Schloßkirchenensemble konnte annähernd bewahrt werden.

Das Brühltor in Ellingen, auch Stopfenheimer Tor genannt, konnte eine reizende Putten-
gruppe mit Trompete und Pauke bewahren. Es entstand 1765 auf Geheiß des Landkomturs Sigismund von Lehrbach nach Plänen Matthias Binders. Im Führen von Trompeten und Pauken spiegelt sich der Reichsstand des Deutschordens, auch die nicht geringe Rolle des Landkomturs im Fränkischen Kreis. Und jeder Ankömmling, der das
Brühltor durchschritt oder durchfuhr, wußte damit auch, daß er ein anderes Staatsterri-
torium erreicht hatte. Die Musik der Trompeter und Pauker war über lange Jahrhunderte eine zeremonielle Musik, standesmäßig genau abgegrenzt, gewissermaßen Rangabzeichen der Reichsfürsten und Reichsstände. Wehe dem Stadtpfeifer, der sich anmaß-
te, eine Trompete in die Hand zu nehmen! Die Trompeter ruhten nicht eher, bis eine derartige Anmaßung bestraft war. An den Höfen des fürstlichen Absolutismus rangierten
die Trompeter von Serenissimus sogar vor den Mitgliedern der Hofkapelle. In diesem
Sinne stellen die Ellinger Putten mit Trompete und Pauke nicht nur eine typische Spiele-
rei des Spätrokoko dar, sondern sind Ausdruck der Souveränität des Ordens, »imme-
diaté unter dem Reich«.

Die Ellinger Pfarrkirche St. Georg

Zu einer Residenzstadt vom Anspruch Ellingens gehört selbstredend auch eine repräsentative Pfarrkirche. Sie entstand von 1729 – 1731 in Gestalt der Georgskirche, die nicht, wie über ein Jahrtausend üblich geostet, eben orientiert, ist, sondern ihre Schaufassade im Osten hat. St. Georg muß vielmehr zum Gesamtbild der Ellinger Hauptstraße beitragen, Repräsentation hat also den Vorrang vor uralten Gesetzmäßigkeiten. Natürlich war Franz Joseph Roth der planende Architekt. »Sub directione expertissimi viri Joseph Roth Architecti Balliviae ordinarii« wurde der Bau im Frühjahr 1731 vollendet und bald darauf vom Eichstätter Fürstbischof Franz Ludwig Schenk von Castell eingeweiht. Roth schuf ein perfektes Ensemble. Wie in Stopfenheim bestimmen Georg, eine Immaculata und Elisabeth die Schaufassade. Auch der Innenraum ist sorgfältig komponiert und vereint vornehmlich Ausstattung der Erbauungszeit. Besondere Aufmerksamkeit gebührt der Kanzel, deren Schalldeckel von Putten (Glaube, Hoffnung und Liebe) sowie einem sieghaft kämpfenden Erzengel Michael bekrönt wird. Die Wiederherstellung der Pfarrkirche St. Georg nach dem Zweiten Weltkrieg hat diesen Michael zu einem bleibenden Zeugen vergangener Schrecknisse gemacht. An Stelle seines Schwertes schwingt der heroische Engel einen Bombensplitter – Anrufung um seinen Schutz vor Krieg und Zerstörung, aber auch Mahnung an die Lebenden, die Leiden des Krieges nicht zu vergessen.

Rokokofreude und Todesgedanken – die Mariahilfkapelle

An die Ellinger Pfarrkirche St. Georg, 1731 eingeweiht, schließt sich in westlicher Richtung ein Friedhof an, der inzwischen aufgelassen ist, jedoch noch viele Grabsteine birgt. Hier ist auch die Ruhestätte des Landkomturbaumeisters Matthias Binder nebst seiner Gemahlin Maria Sabina zu finden, der mit »mühsamer Pflicht« die beruflichen Aufgaben wahrgenommen hatte, wie sein Grabdenkmal ausweist. Im Westen des Friedhofes steht eine Mariahilfkapelle, die ebenfalls 1731 geweiht wurde und die unverkennbare Handschrift Franz Joseph Roths ausweist. Ihre Fassade gehört zu den formvollendetsten Schöpfungen des Wieners. Zwischen die typischen Dekorationsformen der Zeit mischen sich Totenköpfe. Unvermittelt begegnen wir einer Präsenz des Todesgedankens, die man einer landläufig, allzu schnell und pauschal, als extrem sinnenfreudig abqualifizierten Epoche nicht zutraut. Dennoch gehört auch diese Ausdruckswelt unveräußerlich zu Barock und Rokoko. Notieren wir noch, daß diese wiederum vom kämpfenden Michael bekrönte Kirche die sterblichen Überreste des Schöpfers des Kunstensembles Ellingen birgt, nämlich des Landkomturs Karl Heinrich Freiherr von Hornstein.

Von der Ellinger Stadtbefestigung

Die Residenzstadt Ellingen zeigt, trotz mancher Verluste des Jahres 1945, im Prinzip immer noch das Gesicht des 18. Jahrhunderts. Am spektakulärsten setzt sich die ältere Geschichte der Deutschordens-Stadt mit dem Pleinfelder Tor in Szene. Es hat schon deshalb an Bedeutung noch gewonnen, weil der »Hausnerturm« 1817 abgetragen und das Weißenburger Tor ein Opfer des Zweiten Weltkrieges wurde. So ist das Pleinfelder Tor mit seiner malerischen Dreiturmgruppe der wichtigste Bauzeuge Ellingens vor der großen Zeit der Keller, Roth und Binder. 1660 wurde es vollendet. Auf seiner Nordseite bietet es eine Reihe von Deutschmeister- und Landkomturwappen, die nicht nur die Bautätigkeit belegen, sondern auch den Ankommenden belehren, daß er sich nunmehr auf dem Territorium des Deutschen Ordens befindet. Im Reigen der schier zahllosen fränkischen Stadttore darf das Pleinfelder Tor jedenfalls einen guten Rang beanspruchen. Dabei hatte es Ellingen gar nicht leicht, sich eine gute Stadtbefestigung zuzulegen. So hatten schon die Wittelsbacher 1377 dem Orden die Erlaubnis erteilt, Mauer und Graben sowie zwei Tore zu bauen, was auch Kaiser Karl IV. 1378 bestätigte. Aber der große Luxemburger nahm seine Entscheidung noch im selben Jahr zurück – auf Einspruch der argwöhnischen Reichsstadt Weißenburg.

Die schönste Rokoko-Brücke Altmühlfrankens

Im Norden der Ellinger Altstadt, unweit des Residenzschlosses, spannt sich über die Rezat eine dreijochige Brücke aus Sandsteinquadern. Sie geht auf das Jahr 1762 zurück, als der Landkomtur einen entsprechenden Entwurf seines Baumeisters Matthias Binder genehmigte. Auf der Brückenbrüstung stehen zweimal vier lebensgroße Sandsteinfiguren von Heiligen, die mit dem Orden besonders verbunden waren und seine Verehrung genossen: Joseph, Elisabeth, Georg und die Immaculata, dazwischen ein Crucifixus (Südseite); gegenüber Franziskus, Johann Nepomuk, Leonhard und Antonius von Padua. Und wem das Ellinger Residenzschloß bisweilen nicht geistlich genug wirkt (immerhin hatte der Landkomtur ein beachtliches weltliches Territorium zu regieren), der sollte zur Rezat-Brücke gehen, die in ihrer charmanten Schlichtheit ein feines Zeugnis des ausgehenden Rokoko darstellt, dem trotz aller Sinnenfreude Frömmigkeit nicht fremd war.

Auch das bürgerliche Ellingen kann sich sehen lassen

In den kleineren Residenzstädten des fürstlichen Absolutismus entwickelte sich in den seltensten Fällen ein selbstbewußtes, unternehmerisches Bürgertum. Hierin unterscheiden sich die fürstlichen »Haupt- und Residenzstädte« durchwegs von den Reichsstädten mit ihrem oft ausgeprägten patrizischen Bewußtsein. Die Bürgerschaft der Residenzstädte versuchte viel eher, den Wünschen der Landesherrschaft zu entsprechen. Dies bedeutete in einer Epoche, in der die Vereinheitlichung des Stadtbildes Ausdruck der »guten Staatsordnung« wurde, die Baugesinnung des Fürsten oder Landesherrn zu übernehmen, wenn auch in kleineren Maßstäben. So setzt sich auch in Ellingen die Qualität der landesherrlichen Bauten fort. Dies hat entscheidend zur Gesamtqualität des Stadtbildes von Ellingen beigetragen.

Ein glanzvolles Beispiel dafür ist der Gasthof Römischer Kaiser, der in seiner breitbarocken Behäbigkeit fast noch dem 17. Jahrhundert zuzuordnen ist. Er gehörte im 18. Jahrhundert der jüdischen Familie Landauer, auf deren Grundstück in der »Neugasse« Matthias Binder 1756 eine Synagoge erbaute, wie Ellingen überhaupt eine beachtliche jüdische Gemeinde besaß.

Das bürgerliche Ellingen ist, auch abseits der großen Denkmäler, immer noch reich an feinen Details, wie etwa das Hausteinportal des späten Rokoko von 1768 zeigt.

Das Ellinger Rathaus – ein Geniestreich

Die Untertanen in »hochfürstlichen und anderen Residenzstädten« neigten nicht gerade dazu, prachtvolle und selbstbewußte Rathausbauten zu errichten. Um so mehr muß in Ellingen auffallen, daß sein Rathaus nicht nur eine städtebaulich zentrale Position, sondern auch hinreißenden künstlerischen Schwung besitzt – ohne Zweifel ein Höhepunkt des fränkischen Rokoko. Und in der Tat, das Rathaus ist wiederum ein Werk der Landesherrschaft, die es zum Teil für die Obergerichtsverwalterei verwendete. Daneben beherbergte es die Apotheke, das Brothaus, die Stadtwaage, Gefängnisse und einen Tanzsaal, hatte also auch Funktionen, die zu bürgerlichen Rathäusern gehören. Der künstlerische Schöpfer des im besten Sinne eleganten, weltmännischen Baues war natürlich Franz Joseph Roth, der mit dieser seiner »Invention« sein vielleicht großartigstes Zeugnis als Baumeister hinterließ. 1744 begann man den Bau, 1747 war er vollendet. Friedrich Maucher und Johann Wagner wirkten als Bildhauer mit. 1853 erwarb die Stadt Ellingen das Rathaus für sich, das 1945 schwere Schäden erlitt.

Die Figur der Justitia ist ein Werk Friedrich Mauchers und erinnert an die alte Verwendung des Rathauses in der Rechtspflege des Ordens.

Das Balkongitter, »Galerie mit Laubwerk«, stammt von dem Ellinger Schlosser Hans Martin Koller, der einstmals 105 Gulden für seine beschwingte und gelöste Arbeit einstreichen durfte.

Die Mariahilfkapelle von Fiegenstall

Der Reiz der altmühlfränkischen Kulturlandschaft besteht nicht nur in der überregionalen Qualität zahlreicher Baudenkmäler. Gerade die Dichte an bescheidenen, weniger aufwendigen Zeugen von Geschichte und Kunst ist ein entscheidendes Charakteristikum. Ihren eigenen Glanz bekommen solche Denkmäler durch die organische Einbindung in die Landschaft, durch das Verschmelzen von Architektur, dem Menschenwerk, und der Natur. Die Mariahilfkapelle außerhalb des Dorfes Fiegenstall ist dafür ein ausgezeichnetes Beispiel. Bauwerk und Bäume wirken, als seien sie schon immer aufeinander abgestimmt. 1722 entstand die Mariahilfkapelle, erbaut von dem Bauern Adam Minderler auf einem Acker westlich des Dorfes Fiegenstall. 1749 erhielt sie sogar eine Glocke. Das Innere, noch vor dem Aufglühen des Rokoko entstanden, zeigt in Stuck und Holz das Bandlwerk des dritten Jahrzehnts des 18. Jahrhunderts. Unscheinbares am Wege – und doch Ensemble von Landschaft und Architektur in perfektem Zusammenklang.

Die Reichsstadt »Weissenburg am Nordgau«

Fünf Reichsstädte zählte der alte fränkische Reichskreis: Nürnberg, die erste und glanzvollste unter allen Reichsstädten, Rothenburg ob der Tauber, Schweinfurt, (das heutige Bad) Windsheim und Weißenburg »am Nordgau« oder »am Sand«. Fast alle dürfen sich einer alten, königlichen Geschichte rühmen, bevor sie zur »freien und des Reiches Stadt« aufstiegen. Keine aber besitzt eine römische Geschichte wie Weißenburg mit dem Kastell »Biricianis«. Im Jahre 867 wird das mittelalterliche Weißenburg erstmals greifbar, in einer Urkunde König Ludwigs des Deutschen, unter dem eigentlich unveränderten Namen »Uuizinburc«. 1241 wird das aufstrebende Weißenburg erstmals als »civitas«, Stadt, bezeichnet, obwohl die Stadtwerdung sicher früher stattfand. Der Aufstieg zur Reichsstadt findet in einem kontinuierlichen Prozeß zuwachsender Rechte und Freiheiten statt, Hindernisse liegen auf dem Weg. Da sind die Verpfändungen, 1314 an das Hochstift Eichstätt, 1325 an die fränkischen Hohenzollern, als Burggrafen von Nürnberg und, später, Markgrafen von Ansbach der ärgste Widersacher der Stadt »unmittelbar unter dem Reich«. Letztlich vermögen sich die Weißenburger durch ihre wirtschaftliche Kraft daraus zu befreien. Der weitere Weg als Reichsstadt blieb im Prinzip ungebrochen, auch wenn der alte Gegner, die Hohenzollern, 1796 doch noch sein Ziel erreichte, nämlich die Eingliederung in das Fürstentum Ansbach, das seinerseits aber ebenfalls schon preußisch geworden war. 1806 ging die einstige Reichsstadt den Weg vieler Franken: sie wurde bayerisch.

Das Ellinger Tor, geradezu Wahrzeichen von Weißenburg, stammt aus dem 14. – 17. Jahrhundert. Über der Toröffnung seines Vorwerks prangt der Adler des Reiches. Im Zusammenklang mit der fast desorganisierten, asymmetrischen Baugruppe der Pfarrkirche St. Andreas bildet das Ellinger Tor ein architektonisches Gesamtensemble, das keine Parallele findet. Ellinger Tor und St. Andreas verbinden sich zur unverwechselbarsten, persönlichen Visitenkarte des historischen Weißenburg.

Ein weiteres Wahrzeichen stolzen Bürgertums ist das Rathaus, 1470/76 erbaut. Seine dem Holzmarkt zugewandte, östliche Giebelfassade zeigt, trotz gotischer Einzelformen, fast renaissancehafte Klarheit.

Der Südseite des Rathauses ist der 1567 erbaute Archivturm vorgeblendet, der sich nahtlos dem Gesamtbau zufügt. Vor der Fassade erhebt sich der Schweppermannbrunnen, zum Andenken an den Feldhauptmann Kaiser Ludwigs des Bayern, den Seyfried Schweppermann, der einmal, ob seiner Tapferkeit, zwei Eier erhielt, statt des einen, wie alle anderen »Frommen«.

Weißenburger Wappenvielfalt

Schon das Ellinger Tor gibt dem Wappeninteressenten einige Rätsel auf, nachdem auf gleicher Höhe drei Wappen zu sehen sind. Freilich dominiert in Größe und zentraler Stellung der Adler des Reiches. Rechts von ihm ist ein Wappenschild mit halbem Adler und halbem Turm zu sehen – das ältere Weißenburger Stadtwappen, bis 1481 in dieser Form üblich. Vorne, links vom Reichsadler, zeigt ein anderes Wappen ein von zwei Türmen flankiertes Stadttor, mit dem kaiserlichen Doppeladler zwischen diesen Türmen: das von Kaiser Friedrich III. 1481 der Reichsstadt Weißenburg verliehene neue Wappen. Am Archivturm des Rathauses findet sich eine andere Wappenkombination, durch den Engel mit Spruchband 1567 datiert, dem Baujahr dieses Turmes. Hier sind, flankiert von zwei Rittern als Wappenhaltern, das Wappen des Kaisers sowie das 1481 verliehene, neue Wappen der Reichsstadt Weißenburg zu sehen.

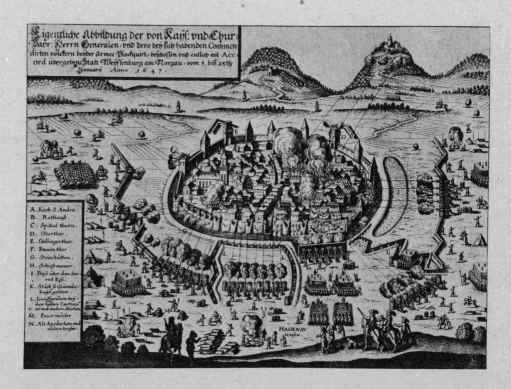

Weißenburger Ratsgut und Museumsbestand

Die Stadt Weißenburg darf sich rühmen, über bedeutendes römerzeitliches Museumsgut zu verfügen, das im Gesamtrahmen eines Schwerpunktmuseums zur römischen Geschichte präsentiert wird. Das Heimatmuseum verfügt jedoch auch über interessante Bestände zur reichsstädtischen Geschichte, wie auch manches Gut der alten Rathausausstattung bewahrt werden konnte. Unser Bild vereint das Ölporträt des Weißenburger Rektors Johann Alexander Döderlein (1675–1745), des ersten namentlich bekannten Weißenburger Chronisten, gemalt von dem persönlich eng mit der Reichsstadt verbundenen Ansbacher Hofmaler Johann Carl Zierl, mit einem Globus und einer Handschrift, deren Einband an einer Kette befestigt wurde – Sicherung gegen Diebstahl, vor einem halben Jahrtausend. Ein Glanzpunkt zur Geschichte des Zinngießerhandwerks in Franken ist das Ratszinn der Reichsstadt, von dem eine Kanne abgebildet ist. Es ist 1652 datiert und trägt das Beschauzeichen der Reichsstadt Nürnberg. Und in der Meistermarke verrät sich auch der Schöpfer dieses großartigen Dokuments der Kunst der »Kandelgießer«: Michel Hemelsam der Jüngere.

»umb die Stadt-Mauern … daß Wasser … geführet«

Zu den bedeutendsten mittelalterlichen Zeugnissen der Reichsstadt Weißenburg zählt die Stadtbefestigung, die in weiten Teilen erhalten blieb. Zwar sind bei den Toren Einbußen zu verzeichnen, doch konnte gerade der prächtige Bau des Ellinger Tores bewahrt werden. Paul Schaudig beschrieb die Gesamtanlage im Jahre 1711: »So ist beym Ellinger Thor anzufangen / daselbst an diesem Thor I. großer Thurn von innen / und außen bey der Schlagbrucken 2. kleine Thuerne / deren der zur lincken Hand / . . . das Wachtthuernlein genannt wird / äuserst sind die 2. Wachthäußlein / daselbst weiters ist eine gedoppelte Mauer / derer die äusere etwas niederere / der Zwinger genannt wird / . . . In der inneren großen Mauer folget der sogenannt fünffeckigte – oder Pulverthurn / und ex opposito, außen im Zwinger ein kleines Thürnlein / bey welchen beeden der Wasser Ablaß / auß der Stadt / durchpassieret. Ferner sind in der Mauer an der Blaich 3. kleine Thürn nacheinander. Worauff kommt / ein ziemlich ansehnlicher Thurn / der Scheibler . . . so ein Gefängnis ist. Nebst dem Scheibler / steht ein kleiner in die Mauer mit eingedeckter Thurn / ohne Spitz / und gegen daß Frauen Thor zu / folgen in der Ordnung, 5. kleine Thurn nacheinander. So dann ist zu sehen / die . . . Schantz, bey welcher und auch am Ende derselben / beederseits ein kleiner Thurn / it. noch 2. dergleichen biß an daß Frauen Thor. Daß Frauen Thor aber hat einen großen Thurn / und gleich unten im Graben nechstens / ist das sogenannte Schießhauß / und kleine Schützen Häußlein / äuserst auch 2. Wachthäußlein. Nach solchem Frauen Thor kommen hinter der Schießmauer biß zu dem sogenannten Kühhirten Thurn / 8. kleine Thürne. Von Kühhirten Thurn biß an die erst A. 1709. erbauete Casarmes sind wieder 6. kleine Thürne. Von dar / biß zum Oberthor stehen aber 2. kleine Thürn. Und dann kommt daß Oberthor mit einem großen Thurn / weiters 2. kleinen Thürnlein. Nebst solchem ist wieder wie beym Ellinger Thor eine gedoppelte Mauer / derer die äuser-kleinere / biß zum ersten Stadtsknecht Thurn gehende / abermaln der Zwinger genannt wird / da imittelst in der kleineren äuseren Mauer 3. kleine Thürne nacheinander auch gezehlet werden. In der großen Mauer folgt der obere sogenannte Stattknechts Thurn / dann das Bettel-Richter Häußlein; Nach solchen das neue Hauß oder scharffe Gefängnus / samt einem großen runden Thurn und kleinen Thürnlein. Weiters der untere Stadtknechts Thurn und endlich noch ein kleiner Thurn. Dann kommt daß Ellinger Thor / als von welchem wir oben / die Beschreibung angefangen . . . Dabey noch dieses zu melden / daß umb die Stadt-Mauern / falls bedörffens / in denen Gräben / daß Wasser völlig herumb könne geführet und also / die gantze Stadt damit umbfasset werden.« Und ein Abglanz dieser »Wasserumfassung« hat sich als romantischste Partie am Seeweiher erhalten.

St. Andreas – die Pfarrkirche als Ausdruck des Bürgerstolzes

Die eigenwilligste Baugruppe von Weißenburg, unverwechselbar unter allen sakralen Architekturlandschaften Frankens, ist die Andreaskirche. Eigentlich bieten sich dem Betrachter drei, optisch stark abgesetzte Baukörper: der 1459 begonnene Ostturm, erst 1520 vollendet, also fast zeitgleich mit den Baumaßnahmen am Vorwerk des Ellinger Tores – die eigentliche Dominante des Weißenburger Stadtbildes. Dann hebt sich imponierend der spätgotische Hallenchor heraus, Ausdruck reichsstädtischer Baugesinnung, wie sie sich an den Georgskirchen der Reichsstädte Nördlingen und Dinkelsbühl manifestiert hat. Vergleichsweise bescheiden dagegen das Schiff nebst dem stumpfen Nordturm, beide aus dem 14. Jahrhundert. In ihrer Gesamtheit, dem Hauch von Unvollendetheit und dem Aufstürmen des glanzvollen Chores, wirkt die Pfarrkirche von St. Andreas gleichsam wie ein Spiegel der Weißenburger Stadtgeschichte.

Prunkstück des Äußeren von St. Georg ist das Brautportal zur Michaelskapelle. Sein Gewände ist überreich mit Stäben besetzt und birgt in seinem Bogenfeld eine eindrucksvolle Darstellung des Todes Mariens, die von den klagenden Aposteln umgeben ist, während Christus die Seele seiner Mutter zum Himmel geleitet – er birgt sie auf seinem Arm. Im darüber befindlichen Geschoß wird Maria in festlicher Szenerie von Gott Vater gekrönt.

Das basilikale Langhaus von St. Andreas, sechs Joche umfassend, stellt den ältesten, im 14. Jahrhundert entstandenen Teil der Pfarrkirche dar. Er mußte sich natürlich Eingriffe im folgenden Jahrhundert gefallen lassen, wie auch die Renovierung von 1891/92 mit der Fenstererweiterung und der Gestaltung des Lichtgadens des Mittelschiffes deutliche Spuren hinterließ.

Die Außenplastik von St. Andreas, zum Teil bis 1892 durch Mörtel überdeckt, zeigt auch zwei Apostelgestalten, darunter links, an der Muschel am Hut identifizierbar, Jakobus der Ältere, entstanden um 1400, vielleicht Bauzeuge des Vorgängerbaues des herrlichen Hallenchores.

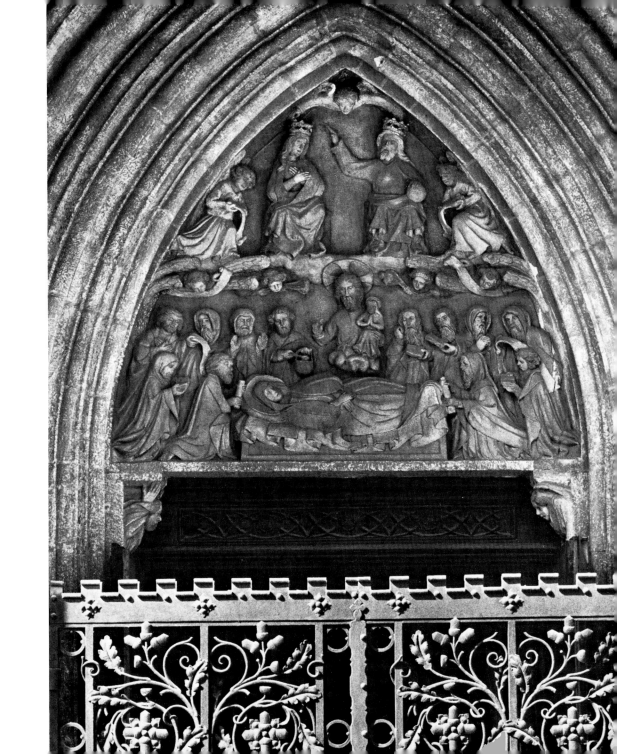

»Er solt sy auch ermanen der guten arbait an ihrem chor.«

So schrieb gegen 1496 der Steinmetz Peter Huter dem Rat der Reichsstadt Weißenburg und erwähnte auch: »Denselben chor hab ich in gemacht, das er mit stain und kalk und mit allen dingen cost nit mer dann funfundsechzig gulden.« Gemeint ist der feingegliederte Chor der Andreaskirche, das eleganteste spätgotische Bauwerk weit und breit. Er ist ein charakteristischer Hallenbau mit Umgang, der in sieben Seiten des Vierzehnecks schließt, während die inneren Rundpfeiler den Binnenchor in fünf Seiten des Zehnecks umgrenzen. Die Chorachse knickt zum Kirchenschiff um etwa 15 Grad nach Süden, wodurch eine reizvolle Unregelmäßigkeit entstand. Sicher wollte man St. Andreas vom Chor aus als Hallenkirche weiterbauen, also mit den typischen gleichhohen Schiffen. Allerdings war man bald gezwungen, die dauerhafte Anbindung des Chores an das alte Langhaus in Kauf zu nehmen. Gerade durch diesen Kontrast entfaltet der Chor mit seinen überschlanken Säulen um so bezwingender die beispielhafte Leichtigkeit spätmittelalterlicher Bürgergotik. Und wenn auch deshalb Weißenburgs St. Andreas hinter den reichsstädtischen Schwesterkirchen in Dinkelsbühl und Nördlingen an formaler Geschlossenheit zurückstehen muß, so entwickelt doch die Verbindung eines älteren Langhauses mit einem formvollendeten Chor der späten Gotik ihren ureigenen ästhetischen Reiz, vergleichbar der Nürnberger Sebalduskirche. An Originalität jedenfalls läßt sich dieses Raumgebilde von St. Andreas in seinem komplizierten Zusammenspiel von basilikalem Langhaus und Hallenchor mitsamt dem »unmöglichen« Knick kaum übertreffen.

Die Kirchenausstattung von St. Andreas

1856 ließ der Kirchenvorstand von St. Andreas 54 Kunstgegenstände der ehrwürdigen Pfarrkirche versteigern. Sie waren bereits 1837/39 aus dem Sakralraum anläßlich der »Restaurierung« entfernt worden. Einige der wertvollsten Teile dieses spätmittelalterlichen Kunstgutes, das sicher zu einem erheblichen Teil Zeugnis einheimischer Meister war, fanden Heimat im Bayerischen Nationalmuseum in München. Vieles ist jedoch nach diesem rabiatesten Eingriff in die hochbedeutende Ausstattung von St. Andreas verschollen. 1931 kehrten aus München zwei ehemalige Weißenburger Altäre zurück, die im Chor der Andreaskirche Aufstellung fanden, bruchstückhafter Abglanz der einstigen reichen Ausstattung, die, nach Brun Appel, mindestens einen Hoch- und einen Marienaltar sowie acht weitere Altäre umfaßt haben mußte.

Trotzdem hat die Andreaskirche Sehenswertes zu bieten. Das wichtigste Kunstwerk, vor allem durch seine Dimension und Raumbeherrschung, stellt der gegen 1500 entstandene Hochaltar dar, der zwei dreifach zusammenklappbare Flügel aufweist. In seinem Schrein thront der Kirchenpatron Andreas, wenngleich ohne sein Attribut, das schräge Balkenkreuz. Auf den Vorderseiten der Flügel assistieren ihm die Apostel Simon, Johannes, Petrus, Paulus, Jakobus und Judas Thaddäus.

Zu den Rückkehrern von 1931 gehört der Sebaldusaltar von 1496 (wobei der in Plastik und Malerei dargestellte Nürnberger Stadtpatron Sebald auch schon als Wendelin gedeutet wurde), dessen Predella, offensichtlich nicht zum Altar gehörig, die 14 Nothelfer zeigt. Damit wird auf ein in Franken sehr beliebtes Thema zurückgegriffen, wobei die Zusammensetzung der 14 Heiligen durchaus nicht immer gleich ist, und gerade auf dieser Tafel eigenwillige Züge aufweist. Von links nach rechts sind zu sehen: Christophorus (der Christusträger), Erasmus (mit der Ankerwinde), Nikolaus (mit den drei Kugeln), Margareta (mit dem »Wurm«, dem Drachen), Katharina (mit Schwert), Barbara (mit Kelch), Georg (mit dem Drachen), Blasius (mit der gedrehten Kerze), Leonhard (mit der Kette), Aegidius, Eustachius, Achatius, Vitus (mit dem Kessel) und Pantaleon (mit den auf den Kopf genagelten Händen). Alle hatten in der Volksfrömmigkeit des Mittelalters ihren Platz für Anrufungen angesichts des Todes, bei Krankheiten und anderen Kümmernissen.

Eine fränkische Spezialität: der Kastenaltar

Unter den 1931 vom Bayerischen Nationalmuseum München nach Weißenburg zurückgegebenen Kunstobjekten befand sich ein Marienaltar von der Wende des 15. zum 16. Jahrhundert. Er zeigt eine gediegene, vollplastische Muttergottes mit dem Kind im Strahlenkranz. Sie wird von vier musizierenden, gemalten Engeln flankiert. Die Flügel sind je einmal gebrochen, wodurch der Altar so geschlossen werden kann, daß er sich schließlich schrankförmig darbietet. Er zeigt dann auf der Vorderseite eine gemalte Verkündigungsszene, rechts unten das Wappen der Weißenburger Familie Zoller (oder Zollner). Solche einfigurigen Altäre sind gerade für Franken, insbesonders den Nürnberger Kulturraum typisch. Sie werden als Kastenaltäre, gelegentlich auch Baldachin-, Schrank- oder Tabernakelaltäre bezeichnet. Ein künstlerisch noch bedeutenderer, gegen 1460/65 zu datierender, ähnlicher Kastenaltar aus St. Andreas befindet sich im Bayerischen Nationalmuseum München. Er war 1856 für nicht einmal 100 bescheidene Gulden von Weißenburg in die Landeshauptstadt gekommen. Immerhin wurde er dadurch für die Nachwelt gerettet.

Der romanische Bronzekruzifixus von St. Andreas

Das ehrwürdigste und älteste Kunstwerk, das die Kirchengemeinde von St. Andreas
verwahrt, ist das Vortragekreuz aus dem 12. Jahrhundert. Das Bronzekreuz zeigt die
Gestalt Christi mit einer Krone; die Christusfigur selbst mißt nur 13,5 cm. In die Kreuzen-
den sind ovale, geschliffene Bergkristalle eingelassen. Zwei kleinere, runde Kristalle
flankieren das Haupt des königlichen Christus, des »Christus triumphans«, mit geöffneten Augen – die Auferstehung wird gleichzeitig angedeutet. Weißenburg darf sich damit rühmen, ein bedeutendes Kunstwerk der Stauferzeit in seinen Mauern zu bergen.

Die Stadt Kirche zu St. Andreas.

Qualität im Kleinformat: das Georgsaltärchen

Die Weißenburger Andreaskirche verwahrt, notwendigerweise dem Publikum entzogen, einen miniaturhaften, hochoriginellen Georgsaltar. Er ist insgesamt nur 60 cm hoch und hat eine Breite von 21 cm. Im »Hauptschrein« erscheint der hl. Georg zu Pferd mit dem Drachen, den er durchbohrt. Der aus Alabaster gearbeitete Heilige trägt einen riesigen, visierlosen Schallern. Auf den Flügelchen des Schreines sind der Apostelfürst Petrus und der Apostel Andreas dargestellt. Im oberen Schrein wird, ebenfalls in Alabaster gearbeitet, der »Gnadenstuhl« gezeigt, hier allerdings ohne Heiligen Geist. Gott Vater, eindeutig als Älterer dargestellt, hält den Leichnam des Sohnes. Flankiert wird die kleine Gruppe von Malereien auf den Flügelchen, die die »Augenheilige« Ottilia, Patronin des Elsaß, und Apollonia, die bei Zahnleiden angerufen wurde, zeigen. Und alle, Heilige, Gnadenstuhl sowie Georg, stehen, freilich kaum noch erkennbar, auf dem Schweißtuch der Veronika mit dem wahren Antlitz Christi, »vera ikon«. In diesem Sinne ist das spielerisch wirkende, kunsthistorisch kostbare Altärchen gleichzeitig Träger eines interessanten und tiefgründigen theologischen Programmes. So wird auch der heldisch-weltlich gezeigte Georg als Befreier von der Drachengewalt, der Befreiung vom Bösen, zum Christussymbol, als einer, wie die Kreuzritter glaubten, der von Gott auf die Erde zurückgeschickt worden sei.

Das Eindringen der Reformation in Franken, genauer im Fränkischen Reichskreis, war vor allem dem Markgrafen Georg von Brandenburg-Ansbach, den Reichsstädten und Teilen der Reichsritterschaft zu verdanken. 1530 wurde in Augsburg bei einem Reichstag Kaiser Karl V. die »Augsburger Konfession« überreicht, die entscheidende Bekenntnisschrift des lutherischen Protestantismus, die durchaus noch die Chance einer Verständigung zwischen beiden Lagern bot und auch von beachtlichen Stimmen auf beiden Seiten in diesem Sinne empfunden wurde. Der 25. Juni 1530 war dann der historische Tag, an dem, in deutscher Sprache, das ganze Bekenntnis verlesen wurde. Diese endgültige, auch politische Geburtsstunde des deutschen Protestantismus fand in »Konfessionsbildern« Darstellung, wie auch über Jahrhunderte hinweg das Jubiläum der Augsburgischen Konfession immer wieder gefeiert wurde. Das Konfessionsbild von St. Andreas hält den entscheidenden Moment deutscher Geschichte fest. Als die frühesten Verfechter der Lehre Martin Luthers werden gezeigt: Kurfürst Johann zu Sachsen, Markgraf Georg zu Brandenburg-Ansbach, Landgraf Philipp zu Hessen, Herzog Ernst zu Lüneburg, Fürst Wolfgang zu Anhalt, Herzog Franz zu Lüneburg. Dann kommen bereits die Reichsstädte, die sich am ersten zu Luther und der Konfession bekannt hatten: Nürnberg, Weißenburg, Windsheim, Heilbronn, Reutlingen und Kempten. Somit stellt das Konfessionsbild von St. Andreas auch einen großen Moment der Weißenburger Stadtgeschichte dar. Im übrigen zeigt die namensgebende Szene freilich nur einen Teil des Gesamtgemäldes, das die wesentlichen Grundsätze der neuen Lehre darstellt, darunter natürlich auch den Verzicht auf die überreiche Welt der Heiligen. Der Maler war Wolf Eisenmann, ein Nürnberger, der das Gemälde 1606 schuf. Eine undatierte Kostenaufstellung im Weißenburger Stadtarchiv verrät seine Urheberschaft: ». . . Meister Wolffen Eisenmann, Malern, von der Tafeln zu mahlen . . . 30 fl.« Die Stifter des mit 5,40 auf 1,55 m messenden, ungewöhnlich großen Konfessionsbildes waren Johann Roth und seine Frau Margarete, Christoph und Margarete Koler, Christoph und Anna Münderlein sowie Balthasar Christalnig, ein Kärntner Exulant.

Vnd am Abend satzte er sich zu Tische mit den zwölsten vnd da sie
essen, sprach er. Warlich ich sage euch, einer vnter euch
wird mich verrahten, vnd sie würden sehr betrübt,
vnd huben an, ein ieglicher vnter wen, vnd
sagten zu im. Herr bin ichs. Matth XXVI.

Jheorg Marggraf   Philip Landgraf   Ernst Hertzog   Wolffgang fürst   Franciscus Hertzog   Nürnberg   Weissenburg   Windheim   Hailbrun   Rehanngen   Kempten.
zu Brandenburg.   zu Hessen.   zu Linneburg.   zu Anhalt.   zu Linneburg.

APOLOGIA

Ich Rede von deinen
Zeugnissen für Königen.
Vnd scheme mich nicht.
Psalm. CXIX.

Johannes Hertzog zu
Sachsen
Churfürst.

CAROLVS V
PIVS

Das Weißenburger Land und die Römer

Die Stadt Weißenburg, mit ihrem Römerkastell Biriciana, den jünst aufgedeckten Thermen und den wertvollen Römerbeständen des Städtischen Museums (unter anderem mit der fragmentarischen Maske), kann sich außergewöhnlich guter Zeugnisse aus den ersten nachchristlichen Jahrhunderten erfreuen. Nehmen wir dazu die bedeutenden Überreste des Limes, den Burgus von Burgsalach, oder das jüngst ergrabene Kastell Ellingen, dessen aufgefundene Bauinschrift die Datierung 182 n.Chr. erlaubt und das jetzt als Freilichtanlage der Öffentlichkeit zugänglich gemacht wird. Auch die Thermen von Theilenhofen, der Fund des Paradehelms, verdienen hier ebenso Erwähnung wie die neu aufgedeckten römischen Villen. In ihrer Gesamtheit werden diese Objekte und Neufunde die römische Geschichte unseres Gebietes in einer Intensität erschließen und darstellen, wie man es sich vor einigen Jahrzehnten noch nicht vorstellen konnte. Deshalb ist auch das Entstehen eines »Römermuseums Weißenburg«, als staatliches Zweigmuseum der Prähistorischen Staatssammlung München nur begrüßenswerte und logische Konsequenz.

Daß die obige Aufzählung nicht erschöpfend sein kann, versteht sich von selbst, wird aber auch durch das nebenstehende Bild illustriert. Diese scheue Venus mit einem Amor zur Seite, geschmückt mit goldenen Arm- und Fußbändern, gehört zum großartigen Weißenburger Schatzfund, der 1979 gemacht wurde. Er wird zweifellos das Glanzstück der Weißenburger Römerpräsentation bilden.

Die römischen Thermen in Weißenburg

Eines der größten Grabungs- und Restaurierungsprojekte der letzten Jahre war die Freilegung der römischen Thermen in Weißenburg, ihre Konservierung, sowie die Konstruktion eines schützenden Bauwerks, das trotzdem noch einen möglichst umfassenden Überblick gestattet. Unser Luftbild aus der Zeit vor der Überdachung zeigt die Gesamtanlage der verhältnismäßig großen Thermen, die immerhin eine beachtliche Kastellbesatzung von etwa 1000 Mann und die Zivilbevölkerung zu versorgen hatten. Die Weißenburger Thermen entstanden, so der Ausgrabungsbefund, bald nach der Gründung des Kastells Biriciana um 90 n.Chr. Später wurden die Thermen umgebaut, wahrscheinlich in Folge von Kriegsschäden. Der eigentliche Untergang hängt wohl mit den Alamanneneinfällen von 233 zusammen. Die Thermenanlage wurde ein Raub der Flammen. Erst im letzten Jahrzehnt wurde die imponierende Anlage wieder ausgegraben und dem Geschichtsfreund erschlossen. Im Vordergrund des Luftbildes ist die Umkleide- und Gymnastikhalle zu sehen. Darauf folgt das Kaltbad mit einer steinverkleideten Wanne. Dann folgen verschiedene hypokaustbeheizte Bäder, darunter rechts, kreisförmig, das Laconicum (eine Art Sauna). Das Warmbad mit den beiden Apsiden (die Wannen aufnahmen), am oberen Bildrand, war vermutlich der prächtigste Raum. Daß als Raum- und Bodenverkleidungen Solnhofer Platten verwendet wurden, sei besonders herausgehoben.
Die beiden folgenden Bilder zeigen einen der Kanäle sowie das bereits erwähnte Warmbad mit den beiden Apsiden.

Eine römische Gesichtsmaske aus Weißenburg

Das Weißenburger Museum besitzt eine römische Gesichtsmaske aus Bronze, die auch in ihrem fragmentarischen Zustand höchst eindrucksvoll wirkt. Sie wurde 1890 bei Ausgrabungen im Weißenburger Römerkastell Biriciana zwei Meter hinter dem nördlichen Torturm der »Porta principalis sinistra« gefunden. Erhalten sind nur die rechte Hälfte sowie ein Fragment vom linken Ohr und dem Ohrschutz. Die Maske zeigt ein bartloses, männliches Gesicht. Über der Stirne sind die Reste eines Adlers, dahinter Medusenflügel zu erkennen. In den Locken der Stirn und der Wange winden sich Schlangenleiber. Vor dem Ohr ist ein Schlangenkopf zu sehen, ein weiterer befindet sich zwischen Medusenflügel und Adler. An Kinn, Ohr und Halsansatz befinden sich sechs kleine Löcher zur Befestigung des Lederfutters. Die über 24 cm hohe Maske wird in die zweite Hälfte des 2. Jahrhunderts n. Chr. datiert.

Das Weißenburger Römerkastell Biriciana

Das Römerkastell Biriciana, unweit des Weißenburger Bahnhofs schon seit 1890 ausgegraben, liegt auf einem Geländevorsprung über den Tälern der Schwäbischen Rezat und des Brühlbaches. Seine Anlage, 170 auf 179 Meter, war nahezu quadratisch. Die Umfassungsmauer hatte vier Tore und zwei vorgelegte Gräben. Heute sind im Grundriß erhalten und optisch ausgewiesen die Umwehrung, sowie wesentliche Teile des mittleren Kastellgebietes. Im Zentrum befand sich das Hauptgebäude (principia) mit Waffenkammern, dem Fahnenheiligtum und dem Wohnhaus des Kommandanten. Im Innenhof dieses Gebäudekomplexes liegt der im Bild sichtbare Brunnen. Ein Großteil der anderen Kastellgebäude, für Mannschaften und Pferde, war aus Holz gebaut. Der im Bild sichtbare Turm gehört nicht in den hier dargestellten Kontext. Das Kastell Weißenburg wurde zunächst als Holz-Erde-Kastell errichtet, und zwar unter Domitian. Im Zuge des Limesausbaues, etwas mehr als ein halbes Jahrhundert später, wurde es zum Steinkastell umgebaut. Auf der West-, Süd- und Ostseite des Kastells erstreckte sich das zivile Dorf. Als Besatzung des Kastells selbst ist durchgehend die Ala I Hispanorum Auriana bekannt. Im Jahre 233 schließlich wurde der Limes von den Alamannen überrannt. Zu einer Wiederherstellung der früheren geordneten Lebensverhältnisse kam es nicht mehr. Der letzte Alamannensturm von 259/60 bewirkte dann das Zurückdrängen der Römer bis an die Donau. Damit endete auch die Geschichte von Biriciana, der erste große Abschnitt im Werden der späteren Reichsstadt Weißenburg.

Der römische Schatzfund von Weißenburg aus dem Jahr 1979

Einer der großartigsten Römerfunde der letzten Jahrzehnte war dem Zufall zu verdanken. Er wurde in Weißenburg gemacht und kam in der Nähe der Römerthermen an das Tageslicht, als ein Privatmann ein Spargelbeet anlegte. Der Finder machte sich, was im Interesse eines sorgfältigen Gesamtbefundes nicht erwünscht ist, selbst an die Bergung seines »Schatzes«, der in zwei Gruppen, geschützt von Bronzegefäßen, im Boden gelegen haben soll. Was zum Vorschein kam und vom Freistaat Bayern für die Prähistorische Staatssammlung erworben werden konnte, waren 156 Objekte. Darunter befanden sich elf Silbervotive mit der Darstellung von verschiedenen Gottheiten, drei Gesichtsmasken aus Bronze und ein Hinterhaupthelm aus Eisen und Bronze, 21 Bronze-Statuetten, 22 Bronze-Gefäße, darunter Eimer, Krüge, Schalen, Teller und ein Weinsieb. Auch Eisengegenstände gehören zu diesem Fundkomplex. Hans-Jörg Kellner vermutet, daß die Gegenstände »zum großen Teil aus einem Heiligtum, vielleicht sogar aus dem Lager-Heiligtum des Kastelles Biriciana, stammen.« Der Direktor der Prähistorischen Staatssammlung setzt die Vergrabung des Fundes in das zweite Drittel des 3. Jahrhunderts, also in die Zeit der Alamanneneinfälle. Der Weißenburger Schatzfund wird in seiner Gesamtheit wohl den spektakulärsten Teil des »Römermuseums Weißenburg« bilden.

Neben der wenige Seiten vorher bereits abgebildeten Venus zeigen wir aus diesem Schatzfund nebenstehend eines der Votivbleche.

Im ehemaligen Augustinerinnenkloster von Weißenburg, heute Teil des Landratsamtes, befindet sich in der Einfahrt eine Bronzeplatte mit folgendem Text: »Hierin gibt man das Marggrävisch Glaidt, uff Onolzbach (= Ansbach), Schwobach, Rhott (= Roth), Gunzenhausen, Haidenheim, uff Eistett, Spaltt, Berngriss (Beilngries), Greding, Haideck. Ren. Sub. March. Joach. Ernesto. Anno 1607.« Und zur Unterstreichung dieser Rechtsaussage prangt auch noch das Staatswappen mit dem brandenburgischen Adler, dem pommerschen Greifen, dem Löwen des Burggraftums Nürnberg und dem gevierten Hohenzollernschild. Die Ausübung der Geleitshoheit auf den Straßen galt als ein wesentlicher Bestandteil der Landesherrschaft. Zeitweise übten die Ansbacher Markgrafen dieses Geleitsrecht auf 11 der 12 überregionalen Verkehrsverbindungen Frankens aus oder beanspruchten es zumindest. Daß der aus Berlin gekommene Georg-Friedrich-Nachfolger, der kurfürstliche Prinz Joachim Ernst, nur vier Jahre nach seinem Ansbacher Regierungsantritt dieses Geleitsschild, und damit seine Ansprüche, die Reichsstadt zu betreten, erneuerte, zeigt den politischen Druck, dem die Weißenburger ausgeliefert waren. Dabei war das Augustinerinnenkloster ein willkommener rechtlicher Hebel, da es 1333 durch Kaiser Ludwig dem Kloster Wülzburg einverleibt worden war, das wiederum unter markgräfliche Schutzvogtei geriet. Damit war auch das Augustinerinnenkloster von Weißenburg rechtlicher Stützpunkt der Hohenzollern im reichsstädtischen Territorium geworden. Nach der Reformation wurde das Kloster sogar markgräfliches Amtshaus. Droben, auf der Wülzburg, an der Stätte des ehemaligen Benediktinerklosters, sollte aber bald ein noch gewichtigerer Feind thronen: die markgräfliche Landesfestung Wülzburg, nicht zuletzt Ausdruck des jahrhundertealten Expansionswillens der fränkischen Hohenzollern, wenn es nottat auch auf Kosten der Reichsstadt, die dann tatsächlich, allerdings in preußischer Zeit, für wenige Jahre zollerisch, nämlich königlich-preußisch wurde.

Hier gibt man das Marg-
grauisch Glaidt
uff   uff
Onolzbach   Eistett
Schwobach   Spalt
Rhott   Bergriß
Gunzenhausen   Greding
Haidenheim   Haidck

Ren Stb March Ioach
Ernesto Anno 1607

Kloster, markgräfliche Landesfestung und Gefängnis: die Wülzburg

»Ein allernächst an der Reichs-Stadt Weissenburg am Nordgau und denen Gränzen der Grafschafft Pappenheim, auf einem hohen Berg gelegene Veste, welche mit 5. Bastions, deren die eine die Jungfer, die andere der Krebs, die dritte die Roß-Mühl, die vierdte das kalte Eck, und die fünffte die Haupt-Wache genennet wird . . .« So beschreibt Gottfried Stieber die Wülzburg, wie sie Markgraf Georg Friedrich ab 1588 hatte bauen lassen. Er hätte noch hinzufügen können, daß an dieser Stelle, einem »Vielländereck« des Alten Reiches, auch das Hochstift Eichstätt und der Deutschorden in Ellingen von der Baumaßnahme des Markgrafen nicht gerade erfreut waren. Jedenfalls »schützte« Georg Friedrich mit dem Bau der (zu Ende des 16. Jahrhunderts gerade noch) hochmodernen, fünfsternigen Wülzburg nicht nur das südöstliche Eck des Fürstentums Brandenburg-Ansbach, sondern setzte sich auch provokant und fulminant vor die Nase der zahlreichen politischen Anrainer. Ermöglicht hatte dieses Festsetzen der Hohenzollern das Erringen der Schutzvogtei über die Wülzburg, genauer sein Benediktinerkloster, womit die Basis zur künftigen zollerischen Landeshoheit bereitet war. Dieses Kloster rühmte sich zwar einer ehrwürdigen Geschichte, deren Wurzel in der Zeit Karls des Großen jedoch nicht beweisbar ist, vielleicht eher eine Schutzbehauptung der Äbte darstellt. 1537 wurde dieses Kloster endgültig aufgehoben, nachdem die Abhängigkeit von Brandenburg-Ansbach längst Tatsache geworden war. Die Errichtung der heutigen Wülzburg selbst zählt zu den großen Festungsbauleistungen der ausgehenden Renaissance. Daß die Feste mit ihrer Fertigstellung, bei der Weiterentwicklung der Waffen- und Kriegstechnik, bereits wieder einen Teil der Bedeutung verloren hatte, zeigt, schon für diese Epoche, die Schwierigkeit bei der sinnvollen Erneuerung von Waffensystemen. Im Dreißigjährigen Krieg von den Kaiserlichen erobert, mußte sich das Werk der Ansbacher Hofbaumeister, Blasius Berwart, Gideon Bacher und anderer, bald eine neue Funktion gefallen lassen. Die riesige Wülzburg wurde Standort einer kleinen markgräflichen Garnison und mußte schließlich die wenig rühmliche Rolle eines Landesgefängnisses übernehmen. Und es sollte lange dauern, bis dieses hochbedeutende Denkmal der Fortifikationstechnik die Schatten jener düsteren Rolle von ehedem abstreifen konnte.

»Innerhalb dieser Veste findet sich ein ansehnliches Schloß, oder drey Gaden hoher Bau, worinnen ein 478. Schuh in die Tiefe gegrabener Ziehe-Bronnen, ...verschiedene zu denen Wohnungen eines Commandanten, Majors, Pfarrers etc. etc. bestimmte Gebäude, Baraquen vor die dasige Garnison, und Behältniße vor Staats- und geringere zu dem Vestungs-Bau condemnirte Gefangene.« Da haben wir also die düstere Funktion der Wülzburg, die Alternative, Galeere in Venedig oder Verkommen auf der ansbachischen Bergfestung. Viele beschlossen hier sogar ihr Leben. Der Ansbacher Generalsuperintendent, Oberhofprediger und Beichtvater des Markgrafen Wilhelm Friedrich, mußte auf der Wülzburg lebenslang büßen. Hier starb auch die 18jährige Martha Zierl an Diphterie, Tochter des Ansbacher Hofmalers Johann Baptist Zierl, wegen einer Alliance mit dem Markgrafen Carl Wilhelm Friedrich inhaftiert. Beide Namen, eines der höchsten ansbachischen Amtsträger, und eines halbwüchsigen, unbedeutenden Mädchens, stehen nur stellvertretend für viele Unglückliche, die teils einer geordneten Rechtssprechung, teils den Fehlentwicklungen des fürstlichen Absolutismus zum Opfer fielen. Und ganz verlor die Wülzburg dieses Odium nicht mehr, als Strafanstalt, als Gefangenenlager im Siebziger Krieg und im Ersten Weltkrieg, wo sogar ein Großer der europäischen Geschichte, der beispielhaft für die Verständigung mit Deutschland eintrat, die Schattenseite der Wülzburg am eigenen Leib erfahren mußte: Frankreichs späterer Staatspräsident Charles de Gaulle.

Das Schloß der Wülzburg, ebenfalls noch Werk aus der Zeit Georg Friedrichs, mußte nach den Verwüstungen des Dreißigjährigen Krieges auf manchen Schmuck verzichten. Die schönen Spätrenaissance-Arkaden wurden vermauert. Von den Hinzufügungen nachmarkgräflicher Zeit ist allenfalls die Zisternenanlage König Ludwigs I. erwähnenswert. Erst die jüngsten Jahrzehnte erlebten ernsthafte Bemühungen zur Erhaltung der in der deutschen Kunst- und Fortifikationsgeschichte einzigartigen Wülzburg.

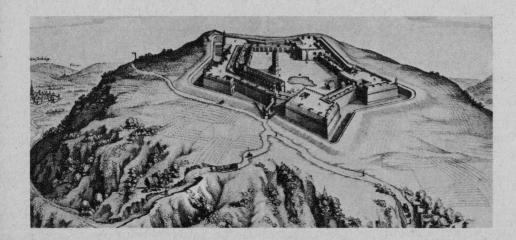

Dialog mit der Landschaft: Oberhochstatt

Langgestreckt, am Hang und entlang des Tales, liegt Oberhochstatt, das mit seiner harmonischen landschaftlichen Einbettung seinesgleichen sucht. Besonders der Blick vom oberen Dorf auf das untere, mit der schlichten protestantischen Pfarrkirche, gehört zu den reizvollsten Eindrücken weit und breit. Die Kirche ist dem Frankenheiligen Martin geweiht, was auf ihr hohes Alter hindeutet, das man aber dem in der Markgrafenzeit »restaurierten« Bau nicht ansieht. Dem entspricht freilich die erstmalige Erwähnung von Oberhochstatt in einer Urkunde aus dem Jahre 899, die in Regensburg ausgefertigt wurde. Danach übergab Kaiser Arnulf seinem Vasallen Meginhard Güter in »Hohenstat«. Das spätere Oberhochstatt gehörte bereits 1250 zum Kloster Wülzburg. Mit ihm geriet das Dorf unter die Schutzvogtei (und spätere Landeshoheit) der Ansbacher Markgrafen, die es auch der Reformation zuführten. Zu Oberhochstatt gehört eine der ältesten Glocken des Weißenburger Raumes aus dem Anfang des 14. Jahrhunderts, eine gotische Majuskelglocke, mit der Schulterinschrift »Lucas, Marcus, Mateus, Johanes, Jesus«.

Nennslingen und seine Pfarrkirche

Wie manches andere Gemeinwesen des altmühlfränkischen Raumes gerät auch Nennslingen mit der Weihe eines Kirchenbaues durch Bischof Gundekar von Eichstätt, zwischen 1057 und 1075, in das Licht der Geschichte. 1374 tritt mit Ulrich Schenk von Geyern ein Adelsgeschlecht auf den Plan, das über Jahrhunderte die Ortsgeschichte weitgehend bestimmen sollte, wenngleich die Ansbacher Hohenzollern spürbar hineindrängten und gegen Ende des 18. Jahrhunderts nahezu die Hälfte der Nennslinger zu ihren unmittelbaren Landeskindern zählten.

Nennslingen weist, unter anderem mit dem ehemaligen Amtshaus, ein achtenswertes Ortsbild vor, das in hohem Maße durch die Gesetzmäßigkeit der Jurabauweise bestimmt ist.

Die interessante Pfarrkirche mit wesentlichen mittelalterlichen Bauteilen diente auch als Grablege der Schenken von Geyern, die sich in einigen Epitaphien von bemerkenswerter künstlerischer Qualität verewigt haben, etwa des »Christoff Schenk zu Geyrn und Siburg« (1547) und der »Anna Schenckin zu Geyrn« (1553), die zumindest in der Werkstatt-Tradition des großen Loy Hering stehen.

Einen weiteren Schatz besitzt die Pfarrkirche von Nennslingen, die manches bedeutende Kunstwerk an die Pfarrkirche von Raitenbuch abgab, in ihren Fresken. Unter ihnen fällt besonders ein großformatiger Erzengel Michael mit prachtvollen Flügeln auf, der als Seelenwäger dargestellt ist. Die Nennslinger Fresken gehören in das späte 15. Jahrhundert.

Die Burgruine Bechthal

Fast scheint es, daß die Natur sich daran gemacht hat, die Burgruine Bechthal endgültig zum Verschwinden zu bringen. Immer noch jedoch behauptet sich mit 30 Metern Höhe der Bergfried, der in die Stauferzeit, das 12./13. Jahrhundert, gehört. An der Westseite hält sich ein weiterer Turmrest von freilich geringerer Dimension. Drei gut erkennbare Abschnittgräben dokumentieren die einstige Ausdehnung der Burg, auf der die »Pechthaler« über Generationen saßen, die als heimischer Ortsadel seit der Mitte des 12. Jahrhunderts nachweisbar sind. 1414 verkauften die Pechthaler ihren Besitz, der dann über die Erlinghofer, Reicharter und andere 1544 zur Hälfte, 1557 vollständig an das Hochstift Eichstätt kam. Ob und wann die Burg gewaltsam zerstört wurde, ist nicht bekannt. Vielleicht wurde sie einfach aufgegeben. Trotz des Verfalls zeigt die Burgruine Bechthal, auf einer Bergzunge über dem Anlautertal gelegen, jedoch eindrucksvoll die fortifikatorischen Anlage- und Bauprinzipien eines mittelalterlichen Bollwerks. Erwähnen wir noch, daß die Ortschaft Bechthal eine sehenswerte, der heiligen Margareta (aus Antiochien) geweihte Kirche des 12. Jahrhunderts besitzt, deren Ausstattung ebenfalls Beachtung verdient.

Raitenbuch und seine Madonna

Als »Rehtinbooh« erscheint Raitenbuch erstmals 867 in einer Urkunde König Ludwigs des Deutschen im Zusammenhang mit einer Schenkung an das niederbayerische Benediktinerkloster Metten. Zwei Jahrhunderte später wird der Ortsadel greifbar. Doch schon bald geriet Raitenbuch unter eichstättische Oberherrschaft, die erst 1796 durch Preußen beendet wurde, das zu dieser Zeit eine gründliche territoriale »Abrundung« seiner (1792 gewonnenen) fränkischen Fürstentümer Ansbach und Bayreuth betrieb. Wenig scheint, zumindest auf den ersten Blick, die Raitenbucher Pfarrkirche St. Blasius zu versprechen, die zu Ende des vergangenen Jahrhunderts gebaut wurde. Wer sie dennoch aufsucht, wird überreich belohnt. Eine Fülle von Plastiken des ausgehenden Mittelalters erwarten den Besucher, so die 12 Apostel und andere Heilige. Sie kamen zu einem erheblichen Teil 1811 aus der protestantischen Pfarrkirche von Nennslingen hierher. Unter ihnen besitzt die Raitenbucher Madonna einen hohen Rang. Sie darf ohne Zweifel zu den schönsten spätgotischen Kunstwerken des Weißenburger Landes gerechnet werden. Die rund 1.50 Meter hohe, farbig gefaßte Figur ist gegen 1470/80 entstanden und wird von der katholischen Bevölkerung verehrt.

Natürlich besaß auch Altmühlfranken eine Fülle von beliebten Wallfahrten, obwohl die Eichstätter Fürstbischöfe, in der Zeit der Aufklärung, manche Wallfahrt abschafften. Dabei ging es allerdings vornehmlich um die großen Wallfahrten von Gruppen, während die persönliche Wallfahrt, gerade bei einem Eigenanliegen, immer blühte. Die markgräflichen Historiographen klagen gelegentlich (oder lächelten darüber?), daß sogar noch protestantische Kirchen, die etwa ein spätmittelalterliches Kunstwerk verwahrten, von Katholiken zur Verehrung aufgesucht wurden. Die Madonna von Raitenbuch, zwei Seiten vorher abgebildet, wird bis heute von der katholischen Bevölkerung verehrt. Durch kleine Votivgaben offenbarten hier bedrängte Menschen ihre Not. Silberbleche etwa beziehen sich auf Augenkrankheiten, auf Gebrechen einzelner Körperteile wie der Beine. Oft opferten die Hilfesuchenden persönliche Schmuckstücke, zu Anhängern umgearbeitete Medaillen und Münzen, oder sogar einen Orden. Beispiele dafür bieten die Votivtafeln vor der Raitenbucher Madonna. Als Zeugnisse leidender Menschen verdienen sie Respekt, auch wenn sie von rührender Naivität sind. Sie sind zudem wertvolle volkskundliche Quellen, auch Zeugnisse menschlicher Demut, die allen hochfahrenden Stolz abgelegt hat.

Der Limes

Eigentlich gab es den Limes überall, wo das römische kaiserliche Reich die Notwendigkeit zur Markierung und Sicherung von Grenzen sah. Gegen das »freie Germanien« sicherten sich die Römer durch den 548 Kilometer langen Obergermanisch-Rätischen Limes ab. Letzterer, der von Lorch zur Donau verlaufende Rätische Limes durchquert Altmühlfranken in dessen voller Länge. In einem weichen Bogen verläuft er über Gunzenhausen, läßt Pfofeld, Ellingen, Oberhochstatt in seinem Rücken, dann wieder mehr in östlicher Richtung nach Eining (Abusina). Zunächst war der Limes eher ein Weg, der von Holztürmen, die in regelmäßigen Abständen gebaut wurden, kontrolliert und geschützt werden konnte. Dann wurde eine Palisadenwand errichtet, vermutlich im Zusammenhang mit einer Anordnung des Kaisers Hadrian. Um die Mitte des 2. Jahrhunderts wurde ein Flechtwerkzaun errichtet, außerdem die ersten Steintürme. Der umfassende steinerne Ausbau des Limes, mit einer drei Meter hohen Mauer, erfolgte dann vermutlich unter Caracalla – die Alamannen waren auf den Plan getreten. Gelegentlich sind sogar diese verschiedenen Ausbauphasen des Limes noch zu erkennen. Bei Burgsalach etwa ist er auf mehrere Kilometer überblickbar. In einigem Abstand vom Limes lagen die Kastelle; eine Straße parallel zum Limes ermöglichte allenfalls nötige Truppenbewegungen. Im Jahr 233 jedoch überrannten die Alamannen den Limes. Das zivile Leben der Römer erlosch, auch wenn noch eine militärische Präsenz zu verzeichnen ist. 259/60 mußte dann die römische Grenze zur Donau zurückgenommen werden. Der Limes, das umfangreichste Geschichtsdenkmal unseres Raumes, wurde bereits 1892–1938 von der Reichslimeskommission aufgenommen und erforscht. Er lebt in manchen Flurbezeichnungen und Ortsnamen weiter, so, wenn die Bezeichnung »Pfahl« auftaucht (Nachklang der »Palisade«) oder etwa im Ortsnamen Pfofeld.

Der römische Burgus bei Burgsalach

Ein seltenes Zeugnis der Römerzeit stellt der »Burgus« in der Nähe von Burgsalach dar. Die konservierten Mauern im Wald »Harlach« weisen einen quadratischen Bau von 32,60 Metern Seitenlänge aus. Es handelt sich bei diesem Burgus (eines der ältesten lateinischen Lehnwörter aus dem Germanischen) um ein festungsartiges Bauwerk für eine Hundertschaft. Der Burgus bei Burgsalach liegt an einem Knick der Limesstraßen zwischen den Kastellen von Weißenburg und Pfünz. Deshalb wird ihm gelegentlich Straßenpolizeifunktion zugeschrieben, obwohl er auch seine Bedeutung im Rahmen der Limesverteidigung gehabt haben muß. Der nur kurz existierende Burgus fiel ebenfalls den Alamannenstürmen des 3. Jahrhunderts zum Opfer. Sein Grundriß zeigt einen allseits geschlossenen Bau mit einem einzigen, halbkreisförmigen Eingang. In der Mitte befand sich ein kleiner Lichthof mit zwei Zisternen, der von einem mit Ziegeln gedeckten Umgang umgeben war. Die einzelnen Räume schließen sämtlich an die Außenmauer des Burgus an. Gegenüber dem Eingang lag das halbkreisförmige Fahnenheiligtum. Rechts vom Eingang befand sich vermutlich die Wohnung des Kommandanten.

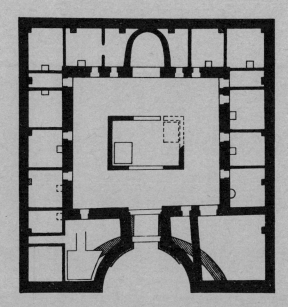

Die römische Brunnenmaske aus Schambach

Südwestlich von Schambach konnte durch Auswertung von Luftbildaufnahmen, natürlich auch vorhergegangener Funde von Mauerresten und von Tongeschirr, eine große Villenanlage lokalisiert werden. Aus ihr stammt einer der hinreißendsten Römerfunde der letzten Jahre, eine massiv gegossene Brunnenmaske aus Bronze. Sie zeigt das Antlitz des griechischen Gottes Okeanos, des Vaters der Flüsse, Quellen und Brunnen. Das stark gegliederte Relief läßt, wie Harald Koschik bemerkt, die geringe Tiefe der Maske geradezu vergessen. Okeanos zeigt sich zornig, hat natürlich den Mund weit aufgerissen. In seinen üppigen Locken findet sich alles mögliche Seegetier, das zum Teil erst durch genaues Betrachten erkennbar wird. Da sind mehrere Delphine, Muscheln, Fische, Krebse, Garnelen und Tintenfische zu sehen. Und alles bildet, trotz der verwirrenden Details eine geschlossene, ästhetische Einheit. Daß die Maske einem Brunnen diente, beweisen die leichten Kalkversinterungen um den Mund. Mit der Schambacher Brunnenmaske ist ein Stück römischen Kunsthandwerks aus der Vergangenheit aufgetaucht, das nicht nur zu den besten Zeugnissen des 2./3. Jahrhunderts zählt, sondern auch in der Qualität mehr als nur »Provinzialkunst« darstellt. Und deshalb spricht man zu Recht von geradezu städtischem Luxus, den sich der Inhaber des Gutshofes von Schambach leistete.

Suffersheim – ein Dorf in siedlungsgünstiger Tallage

Im Gegensatz zu den umgebenden Höhen gab es in Suffersheim durch die neben der Kirche entspringende, stark schüttende Steinriegelquelle, einer Karst-Überlaufquelle, ausreichend Wasser, womit durch die Lage im Tal schon frühzeitig eine wesentliche Voraussetzung für die Errichtung einer Siedlung gegeben war. Wie die Endung des Ortsnamens auf -heim andeutet, handelt es sich um einen der ältesten Orte im Bereich der Altmühlalb. Die erste urkundliche Erwähnung, die mit zu den frühesten dieses Gebietes zählt, erfolgte bereits am 14. Juni 867, als König Ludwig der Deutsche einen Teil seines ausgedehnten, zum Königshof Weißenburg gehörigen Forstes dem Kloster Metten schenkte. Ausgangspunkt für die Abgrenzung des verschenkten Reichsforstes ist in der urkundlichen Beschreibung das Rudertstal (rechts hinten am Holzplatz beginnend); in einem großen Bogen führt dann die Grenzlinie zum ca. 8 km entfernten Limes und schließlich durch das ebenfalls genannte Laubental (von oben links kommend) nach »Suberesheim« (=Suffersheim). Der Ortsname bedeutet »zu dem Heim des Suffer«. Jener fränkische Adelige hatte sich wohl schon im 6. Jahrhundert hier niedergelassen, doch ist eine bereits vorher bestehende alemannische Siedlung anzunehmen. Die erste Kirche errichtete man hier wahrscheinlich schon im 8. Jahrhundert, und zwar über der Grabstätte der Hl. Gunthildis, einer Verwandten der angelsächsischen Missionare Willibald, Wunibald und Walburga, welche das Christentum damals an Altmühl und Rezat brachten. Mit dem Kloster Metten kam etwa 100 Jahre später auch das Patrozinium des Mettener Klosterheiligen St. Michael neben dem von St. Gunthild(is) zu dieser Kirche und erlangte schließlich Priorität. Für das 12./13. Jahrhundert ist hier ein Ortsadelsgeschlecht von Reichsministerialen belegt, dessen Burg sich auf dem Berg über dem Tal (hinter dem Holzplatz) erhob. Auf dem Tauschweg muß der Mettener Besitz wieder an das Reich zurückgekommen sein; er findet sich schließlich vor allem in Händen der Reichsmarschälle von Pappenheim, die ihre Suffersheimer Besitzungen schließlich 1341 weiterveräußerten, so daß 1456 Suffersheim von der Reichsstadt Weißenburg erworben werden konnte. Damals gab es hier 4 größere und 4 kleinere landwirtschaftliche Anwesen, 3 Mühlen, 1 Taverne und 36 Kleingütler- bzw. Taglöhneranwesen. Seinen besonderen Reiz, mit dem sich dieses Dorf harmonisch in die Juralandschaft mit ihren sonnigen, kahlen, von Schafen beweideten Südhängen (links) und ihren bewaldeten, holzliefernden Nordhängen einfügt, erhält es einerseits durch die flachen Legschieferdächer, andererseits durch den weiß leuchtenden, mit seinem sprechenden Dach markant aufragenden Kirchturm.

Ende des 13. Jahrhunderts gründeten die Marschälle von Pappenheim etwa 6 km nördlich ihrer Stadt, oberhalb von Suffersheim auf dem Berg, von dem man früher Heu nach Mähen des Waldgrases geholt hatte, den Weiler Heuberg. Ähnlich wie bei Göhren und Neudorf ging man bei der Anlage auch hier ganz schematisch vor, indem man die 8 geplanten Höfe beiderseits des mit etwa 20 m recht schmalen Angers anlegte. Doch reichte diese Breite aus, um das Hirtenhaus in der Ortsmitte und den als Viehtränke wichtigen Weiher, hier Hüll genannt, aufzunehmen. Wie bei diesen Plansiedlungen üblich, erstreckten sich die Gärten hinter den Höfen in voller Breite des Hofgrundstücks (ca. 40 m), woran sich die Hofäcker anschließen. Das Luftbild läßt in dem noch nicht flurbereinigten Ort gut die drei Schläge der Flur (hier Felder genannt) erkennen, auf denen entsprechend der mittelalterlichen Dreifelderwirtschaft Getreidebau betrieben wurde. Jeder Bauer hatte in jedem Flurdrittel mindestens je einen Acker. Wegen des Fehlens von Zwischenwegen und, um das Weidevieh durch eine Umzäunung fernhalten zu können, war der Bauer dem Flurzwang unterworfen, mußte also im jeweiligen Schlag das gleiche anbauen wie die anderen Dorfbewohner. So sehen wir heute noch weitgehend jene Einteilung: Links wird hauptsächlich Weizen als Wintergetreide und rechts (an der hellen Farbe gut zu erkennen) Gerste als Sommergetreide angebaut; hinten, zum Wald zu, baut man als Brachfrüchte Futterpflanzen wie Rüben, Klee, Luzerne, Grünmais, aber auch Kartoffeln an. Dieser Schlag war früher als Brachfeld unbebaut und diente dem Vieh als Weide. Erst gegen Ende des 19. Jahrhunderts begann man damit, es mit den genannten Brachfrüchten zu bebauen, ging also zur verbesserten Dreifelderwirtschaft über, was dann auch den Übergang von der Weidewirtschaft zur Stallfütterung zur Folge hatte. Die Rotation bei der Dreifelderwirtschaft verläuft so, daß auf dem Wintergetreidefeld im folgenden Jahr Sommergetreide und noch ein Jahr später Hackfrüchte und Futterpflanzen angebaut werden. Nach drei Jahren beginnt diese Rotation von neuem. In diesem Weiler ist also ein Stück mittelalterlicher Wirtschaftsweise und Siedlungsgeschichte anschaulich dokumentiert. Besonders aus der Luft wird erkennbar, wie man diese Rodungsinsel dem Wald abgerungen und die Ackerflächen so weit wie möglich, nämlich bis an die Kante der Steilhänge der umgebenden Trockentäler ausgedehnt hat.

Die spätmittelalterlichen Rodungsdörfer Göhren und Neudorf

Die beiden Luftaufnahmen der Albdörfer Göhren (links) und Neudorf (rechts) zeigen eindrucksvoll, daß ihrer Anlage ein planerisches Konzept zugrunde liegt, wie es in solchem Ausmaß im Mittelalter nur von Grundherren realisiert werden konnte. Dies waren nördlich der Altmühl vor allem die Reichsmarschälle von Pappenheim (ab 1628 Grafen). Zusammen mit den Nachbarorten Geislohe und Osterdorf legten sie um 1240 durch Rodung die »vier Bergdörfer« an, und zwar nach dem Vorbild der deutschen Ostkolonisation in der Form des Straßenangerdorfes. Zur Durchführung dieses Projekts, das Mehreinnahmen bringen sollte, beauftragte der Marschall einen Reutmeister (= Rodungsmeister). Eine Urkunde von 1287 spricht von ihm als »Marquarte, dem Maister von dem Geren« (= Göhren). Er fungierte als Architekt und Generalunternehmer. Entsprechend der Größe des verfügbaren Gesamtareals entschied der Meister, für wieviele Höfe bzw. Familien Grund und Boden ausreichten. In Göhren waren es 20, in Neudorf 24 Lehen, wie man die Höfe nannte, mit denen der Grundherr die Bauern gegen Getreideabgaben belehnte. Als 25. Lehen kam in Neudorf noch ein Pfarrlehen hinzu, da hier die Errichtung einer Pfarrei vorgesehen war. Für seine Arbeit erhielt der Meister neben dem Dorfgericht ein abgabenfreies »Meisterlehen«. Hauptachse des Dorfes bildete der bis zu 60 m breite Anger, auf dem sich die der Dorfgemeinschaft dienenden Einrichtungen befanden: Hirtenhaus, Dorfweiher (von denen in Göhren einer vorne zu erkennen ist), Dorfschmiede (in Neudorf ca. 100 m vor der Kirche, in Göhren der rechteckige Bau in der Dorfmitte), Schulhaus (in Neudorf der langgestreckte Bau an der Friedhofsmauer) und in Neudorf Kirche mit Friedhof und Pfarrhaus. In Göhren wurden beiderseits des Angers je 10 und in Neudorf 12 Lehen, sowie dort auf der linken Seite noch als 13. das Pfarrlehen angelegt. Die Höfe bestanden aus giebelständigem Wohnstallhaus, rechtwinklig abgesetzter Scheune und gegenüberliegendem Korbhaus für die Austrägler; ursprünglich hatte man Stroh-, später Legschieferdächer. Dahinter schloß sich der Garten an. Jedes Hof- und Gartengrundstück hatte innerhalb eines Dorfes gleiche Breite: in Göhren 45 m, in Neudorf 35 m. Den Abschluß des Dorfes gegen die Flur bildete der Etter, ein durch (teilweise noch erhaltene) Hecken verstärkter Zaun, dessen Verlauf die Flurbereinigungswege heute noch hervorheben. Vereinzelt gibt es dort noch Flachsbrechhäuschen, die man wegen der Feuersgefahr an hoffernster Stelle errichtet hatte. Im Hinblick auf eine rationelle Bewirtschaftung der Felder nach der Dreifelderwirtschaft legte man auch die Streifengewanne planmäßig an, weshalb man solche Dörfer als Plansiedlungen mit Plangewannfluren bezeichnet. Durch Lehenhalbierungen gibt es hier heute wesentlich mehr Höfe als bei der Gründung. Da Neubauten vorwiegend an den Ortsrändern Platz fanden, ist die Planmäßigkeit der ursprünglichen Dorfanlage auch heute noch gut zu erkennen.

An der idyllischen Altmühlschleife, umgeben und geborgen durch die Berge des Jura, liegt Pappenheim. 802 bereits wird es als »Pappinheim« erwähnt. Seit dem 11. Jahrhundert ist seine Geschichte untrennbar mit den Marschällen von Pappenheim verknüpft, die auf der selbst als Ruine noch dominierenden Burg oberhalb des Ortes saßen. 1193 erhielten die Pappenheimer das erbliche Marschallamt, 1628 avancierten sie zu Reichsgrafen und gehörten zum Schwäbischen Reichskreis. Erst am Ende des Alten Reiches besiegelte die Sondergeschichte Pappenheims und der Pappenheimer Haudegen. Der neue Landesherr hieß ab 1806 Bayern.

Die mittelalterliche Geschichte der Marschälle wird durch die romantische Burgruine bezeugt, deren Bergfried mindestens in das 12. Jahrhundert zurückreicht. Ein heute noch ausgedehntes System von Zwingermauern umgibt die Burg, verstärkt durch zwei Rundtürme sowie den gegen die Stadt hinabreichenden »Affenstein«.

Auch die Pappenheim stiegen von der unwirtlichen Burg hinab in die Stadt und errichteten im 16. Jahrhundert ein Stadtschloß, heute »Altes Schloß« genannt. Sein Portal von 1608 erbaute Wolf Christoph von Pappenheim; es zeigt das Wappen des Geschlechtes mit den sächsischen Kurschwertern, die für das Amt der Reichserbmarschälle stehen.

Neben dem Alten Schloß erhebt sich die heutige Pfarrkirche von Pappenheim, in dieser Funktion Nachfolgerin der altehrwürdigen Galluskirche, ein Bau des 15. Jahrhunderts, lange Jahre Grablege der Marschälle von Pappenheim. Hier erhob sich im Mittelalter eine Synagoge, die nicht nur daran erinnert, daß die Pappenheimer kraft ihres Marschallamtes den Königsschutz über die »königlichen Kammerknechte«, eben die Juden, ausübten, sondern auch eine der ältesten jüdischen Gemeinden unter ihrer Obhut hatten.

Pappenheimer Reichsmarschälle

Beachtlich ist die Zahl der Mitglieder des Hauses Pappenheim, die im Dienste des Reiches ihre militärische Pflicht zu verrichten hatten. Eigentlicher Stammvater scheint Heinrich Haupt gewesen zu sein, der Kaiser Heinrich V. diente und bei dessen römischer Krönung 1111 mit dem Schwert auf den konträr gesonnenen Erzbischof Konrad von Salzburg eindrang. Ihm folgte, unter König Konrad III., sein Sohn »Henricus de Pappenheim marscalcus«. Dann kommt erneut ein Heinrich Haupt, der sich Testa nannte, und Friedrich Barbarossa wie auch Heinrich VI. diente. Dann erscheint ein weiterer Sproß der Familie mit Heinrich von Kalendin – auch er Heerführer unter Barbarossa, Besieger der aufständischen Normannen im Königreich beider Sizilien und damit Gewinner von Sizilien, Kalabrien, Apulien für die Hohenstaufen. Kalendin diente auch Kaiser Otto IV., wechselte aber zu Friedrich II., dem »Puer Apuliae«, dem vielleicht glanzvollsten mittelalterlichen Kaiser. Es ist hier nicht der Platz, die Inhaber des schließlich im Gesamthause Pappenheim erblichen Reichsmarschallamtes alle darzustellen. Erwähnen wir jedoch noch den »Schrammheinz«, Gottfried Heinrich, oftmals in Schlachten »blessiert«, unter dem der Ausspruch Wallensteins »Daran erkenn' ich meine Pappenheimer« zum Gütezeichen der Tapferkeit und Treue der von Pappenheim geführten Soldaten wurde. Insgesamt verdient, bei aller Leistung der Pappenheimer Haudegen für das Reich, jedoch auch die Tatsache Erwähnung, daß das Haus Pappenheim sich große Verdienste bei der Anlegung von Rodungsorten in seinem eigenen Territorium erwarb, etwa Heuberg, Göhren und anderen Dörfern.

Die Pfarrkirche von Pappenheim birgt, neben anderen Grabdenkmälern der Pappenheimer, das Epitaph für »Christoph . . . zu Pappenheim, des heiligen röm. reichs Erbmarschallk« aus dem Jahre 1562, eine eindrucksvolle Arbeit in Solnhofer Marmor.

Zumindest drei Kirchen von baugeschichtlichem Rang besitzt Pappenheim. Die Gallus-kirche, wohl in das 9. Jahrhundert zurückreichend, ist die älteste von ihnen. Ihre Nach-folge als Pfarrkirche, in protestantischer Zeit, trat die einstige Marienkapelle an, die 1476 vollendet wurde. Schließlich verdient noch die Kirche der Augustinereremiten Erwähnung, seit 1700 Gruftkirche der Grafen von Pappenheim, die Ende des 15. Jahr-hunderts entstand.

Die protestantische Pfarrkirche besitzt eine Fülle von reichgestalteten Türbeschlägen, die aus dem Spätmittelalter stammen.

Auf der gegen 1680 entstandenen Emporenbrüstung der Pfarrkirche erhebt sich die 1727/28 von dem Eichstätter Orgelbauer Johann Martin Baumeister errichtete Orgel mit ihrem repräsentativen, fünfteiligen Prospekt.

Ehrwürdigster Bauzeuge Pappenheims ist die außerhalb des heutigen Stadtzentrums gelegene Galluskirche, eine schwierig zu datierende und zu deutende Anlage. Heute dient sie als Friedhofskirche. Sicher spiegeln sich in ihr historische Beziehungen Pap-penheims zum berühmten Kloster St. Gallen.

Die Galluskirche birgt unter anderem ein bemerkenswertes, sechs Meter hohes Sakra-mentshaus aus dem Jahre 1486. Der Baldachinaufsatz bewahrt einen Ecce homo.

Im Chorraum der Galluskirche steht ein schlichter, spätgotischer Flügelaltar, der gegen 1520 entstanden sein dürfte. Im Hauptschrein zeigt er Maria mit dem Kind, flankiert von Katharina und Barbara. Die Reliefs auf den Flügeln bieten die Verkündigung Mariens, Heimsuchung, Geburt Christi und den Tod der Gottesmutter. Die Predella zeigt im geöffneten Zustand, wobei Predellenflügel und Predelleninneres eine Gesamtszene-rie bilden, wiederum plastisch und halbplastisch, Christus mit den Aposteln.

Das Innere der Predella enthüllt die naive Schlichtheit der auf Weißenburg deutenden Plastik. Christus wird flankiert von sechs Aposteln mit ihren Attributen: Matthäus, Si-mon, Johannes, Petrus, Judas Thaddäus und Paulus.

Sola, Solnhofen und »seine« Basilika

Eines der ehrwürdigsten Geschichtsdenkmäler Altmühlfrankens erhebt sich in Solnhofen – der Rest der Sola-Basilika aus dem 9. Jahrhundert. Mit Sola, einem der Diözesanheiligen des Bistums Eichstätt, kehren wir noch einmal in das 8. Jahrhundert zurück, bis in die Epoche der Willibald, Wunibald und Walburga. Sola war mit Bonifatius nach Deutschland gekommen. Gegen 760 kam er in den Eichstätter Raum und errichtete sich eine Zelle. Als Sola 794 starb, übereignete er seine Zelle und die zugeschenkten Güter dem Kloster Fulda. Zu dieser Zeit auch wird Solnhofen als »Husen« erwähnt. Kein Geringerer als Karl der Große befand sich unter den Wohltätern Solnhofens. Doch der Glanz verblaßte bald. Ruhmlos kam Solnhofen unter die Landeshoheit der Ansbacher Markgrafen, die in dem Ort mit seinen Außenbesitzungen nicht zuletzt einen Ansatzpunkt zum weiteren Entwickeln ihres Territoriums sahen. Solnhofen selbst sollte auf andere Weise berühmt werden, mit seinen Kalksteinbrüchen, den Fossilien mitsamt dem Urvogel (Archaeopteryx), der Lithographie, die ohne die Feinheit des Solnhofer Materials nicht denkbar wäre.

Eine besondere Sehenswürdigkeit Solnhofens ist aber auch die »Sola-Basilika«, die lange von vielen baugeschichtlichen Rätseln umgeben war, jedoch auch heute noch nicht alle Wissenschaftler zur Einigkeit kommen läßt. Vladimir Milojčić hat ein halbes Jahrzehnt in Solnhofen gegraben, um endlich Licht in die Baugeschichte der Basilika zu bringen, vor allem zu brauchbaren Datierungen der heute aufrecht stehenden Reste zu kommen, wobei besonders (wieder einmal) eine Kirchenweihe durch Gundekar hineinspukte. Die Grabung von Milojčić brachte Hinweise auf – sieben Kirchenbauten, wenn man eine zweiapsidige Kapelle des 7. Jahrhunderts in zwei Bauphasen gliedert. Darüber fand der Ausgräber eine Kapelle mit Chorschranke, darüber Reste einer Holzkirche, um die Mitte des 8. Jahrhunderts. Darüber wiederum befand sich ein karolingisches Oratorium, darüber eine langgestreckte karolingische Saalkirche von 794, und, endlich, darüber die karolingische Basilika, die vermutlich 819, unter Kaiser Ludwig dem Frommen, errichtet wurde. Und zu dieser Basilika gehören die ehrwürdigen Steinzeugen, die unser Bild zeigt.

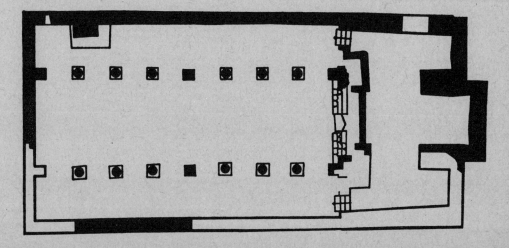

Das Rätsel des »Sola-Medaillons« beginnt schon bei der Frage nach der dargestellten Person. Da meinte man, den hl. Vitus vor sich zu haben. Dann wieder dachte man an eine Personifizierung der Sonne. Andere wiederum sahen eine Darstellung des »Sol«, vornehmlich wegen der brennenden Fackel. Natürlich war es dann nicht mehr weit, das Bild von sola selbst zu sehen. Sogar eine allegorische Frauendarstellung (Luna) wurde erwogen. Vladimir Milojčić hat mit Nachdruck auf die Restaurierung des Medaillons in München hingewiesen (wo sich das Original heute befindet, und zwar im Bayerischen Nationalmuseum) und die dabei aufgefundene, wenn auch nur in Spuren erhaltene Farbfassung. Danach waren die Kleider mit roten Ocker bemalt, Armringe und Diadem gelb, das Gesicht in gelblichem Ocker, die Augen schwarz, die Haaare hellgelb, die Flamme rot, der Fackelteller grün und der Fackelstiel grau. Der Grund war zunächst rot, dann gelb, weiß, grün und blau. Diese Folge der Übermalung deckt sich mit den Über-tünchungen der Säulen der Nordwand der Basilika und der Sola-Tumba! Und damit ist die Gleichzeitigkeit dieser Bauteile und des Medaillons anzunehmen. Mehr noch: Milojčić wies auch auf die kaiserliche Kleidung und die »goldenen« Herrscherinsignien (Reifkrone auf dem Haupt und Manschetten) hin. Damit könnte sich aber aufdrängen, das »Sola-Medaillon« als Bildnis Kaiser Ludwigs des Frommen zu deuten. Auch Karl der Große kam in Vorschlag. Erwähnen wir noch, daß 1972, in der Ausstellung »Bayern – Kunst und Kultur«, anläßlich der Olympiade in München, erneut das Medaillon als »Gestirnsgottheit, 2. Hälfte 11. Jh.« beschrieben und eingeordnet wurde? 1973 hin-gegen sprach Ernst Eichhorn von der kaiserlichen Darstellung, Karl dem Großen und den Bauresten aus der Zeit Ludwigs des Frommen. Eine schwierige Frage also, die Bestimmung des »Sola-Medaillons«. In Solnhofen selbst ist es übrigens in einer Kopie zu sehen, wie überhaupt aus der Sola-Basilika manches geborgen und durch Kopien ersetzt werden mußte, Tribut an unsere Zeit.

Das Kalkbruchstein-Haus der Altmühlalb und sein Legschieferdach

Als Sonderform des fränkischen Dreiseithofes ist das Kalkbruchstein-Haus typisch für die Altmühlalb. Das hier abgebildete steht in Eßlingen. Das Wohnhaus, das in seinem hinteren Teil den Stall beherbergt, ist aus Bruchsteinen der Kalkschichten des Weißen Jura erbaut. In der Regel schaut es wie hier mit dem Giebel zur Straße. Allerdings befindet sich der Eingang oft seitlich. Meist hat dieses Haus nur ein einziges Geschoß, dem noch ein Kniestock aufsitzt. Durch den Hausgang gelangt der Bauer zu den hinten liegenden Stallungen. Der Hofraum wird gewöhnlich nach hinten durch die quer stehende, vom Wohnhaus abgesetzte Scheune abgeschlossen, so daß noch ein Durchgang zum Garten bleibt. Bei genügend breiten Hofgrundstücken befindet sich gegenüber dem Wohnhaus noch das Korbhaus für die Austrägler; oft bleibt jedoch nur Platz für eine Holzlege.

Seine charakteristische Form, die es von anderen Haustypen abhebt, erhält dieses Haus durch sein Dach, das mit Legschiefer gedeckt ist, wozu die etwa 1–1,5 cm starken Platten des Solnhofener Schiefers (Malm zeta) dienen. 4–6 Schichten der kaum zubearbeiteten Platten, die durchschnittlich 20–40 cm lang und 12–20 cm breit sind, wurden beim Decken des Daches leicht versetzt einfach aufeinandergelegt, was eine ca. 10 cm starke Schicht ergab. Da diese Platten bereits bei einem Neigungswinkel von 36–39° ins Gleiten kommen, wurde ein Neigungswinkel von etwa 30° angewandt. Das Gewicht eines Quadratmeters beträgt somit 250–275 kg, während es bei einem Ziegeldach nur etwa 95 kg sind. Wegen des höheren Gewichts muß der Dachstuhl jedoch nicht allzu viel stärker als beim Ziegeldach sein, da vor allem der Winddruck nicht so groß ist. Der Vorteil der Legschieferbedeckung liegt darin, daß sie wegen ihrer Stärke und der vielen Schichten keine großen Temperaturschwankungen zuläßt, so daß die Häuser im Winter warm und im Sommer nicht zu heiß werden. Außerdem ist ein solches Dach recht beständig, da es etwa 50 Jahre ohne Ausbesserung hält, und auch dann genügt eine Umdeckung. Wegen der starken, widerstandsfähigen Schicht schützt ein solches Dach besonders gut gegen Funkenflug bei Bränden. Bald siedeln sich auf den ursprünglich gelblich-weißen, später grauen Platten Moose, Flechten und Farne, vereinzelt sogar kleine Birken oder Fichten an. Diese Legschieferdächer finden sich von den entsprechenden Steinbrüchen in der Entfernung der halben Tagesleistung eines Fuhrwerks, da das Dachmaterial ohne Übernachtung herangeschafft werden sollte. Neigungswinkel und Art der Bedeckung des Daches verleihen den Dörfern rings um die Vorkommen der Solnhofener Plattenkalke ein typisches Aussehen, das leider durch Modernisierung immer mehr verlorengeht. Bei der billigeren Neueindeckung mit Ziegeln wird gewöhnlich auch der Giebel steiler hochgezogen, um mehr Raum im Dachgeschoß zu gewinnen. Außerdem findet sich kaum mehr jemand, der diese Art des Dachdeckens beherrscht.

Die Solnhofener Plattenkalke –
ein Bilderbuch der Erdgeschichte

Als gegen Ende der Jurazeit, vor etwa 140 Millionen Jahren, die abgestorbenen Schwammriffe im Bereich von Langenaltheim, Solnhofen, Mörnsheim und Eichstätt flache Wannen gebildet hatten, in denen sich der Kalkschlamm des Meeres in äußerst ruhigem Wasser ablagern konnte, entstanden 0,3 – 30 cm starke Kalkschichten, die sog. Flinze, die durch mergelige Zwischenlagen, Fäulen genannt, voneinander getrennt sind. Die Feinkörnigkeit dieses gelblich getönten Steines ist darauf zurückzuführen, daß er aus 96–98 % reinem Kalk (also Calciumkarbonat) besteht. Die maximale Mächtigkeit der etwa 240 Flinze liegt bei 60 m. Charakteristisch sind braune oder schwarze, farn- und moosartige Gebilde, die sog. Dendriten, welche auf Eisenlösungen (braun) oder Manganlösungen (schwarz) zurückzuführen sind, die entlang feinster Risse zwischen die Platten gelangten. Für die Naturwissenschaft bilden diese Plattenkalke, deren dünne Lagen als Solnhofer Schiefer bekannt wurden, ein einzigartiges Buch der Erdgeschichte, das nur Blatt für Blatt bzw. Platte für Platte aufgeschlagen werden muß, um einen Eindruck von der damaligen Tierwelt zu erlangen. Meerestiere wie Quallen, Muscheln, Seesterne, die tintenfischähnlichen Ammoniten und Belemniten, Seekrebse (links oben), Fische (Schnabelfisch links unten; Rochen rechts unten), riesige Meereskrokodile und die delphinähnlichen Ichthyosaurier lassen die Vielfalt der Meeresfauna erkennen. Die Landnähe wird dokumentiert durch Libellen, Heuschrecken, Käfer und eidechsenähnliche Landsaurier (rechts oben mit dem Negativ in der liegenden und dem Positiv in der hangenden, also oberen Platte), sowie durch Flugsaurier und den weltberühmten Urvogel (Archaeopteryx), dessen fünf bisher aufgefundene Exemplare den Übergang vom Reptil zum Vogel erkennen lassen. Schon zur Römerzeit dienten diese auch heute noch in Handarbeit abgebauten Kalkplatten als Boden- und Wandfliesen zur Auskleidung der Badebecken, wie es die Weißenburger Römertherme in schönen Beispielen zeigt. Auch als Mauersteine, Dachplatten und für Gedenktafeln nutzten die Römer diesen Stein. Erst aus dem 15. Jahrhundert wissen wir von erneuter Verwendung. Von Kelheim aus wurden diese Steine als »Kelheimer Platten« bis nach Konstantinopel verschifft, wo der Boden der Hagia Sophia (bis 1453 Kirche, dann Moschee) damit belegt wurde. Seit etwa dem Beginn des 16. Jahrhunderts begannen Künstler diesen Stein, den gleichmäßige Härte und die Feinheit des Kornes auszeichnen für sakrale Kunstwerke wie Altäre, Epitaphien und Grabdenkmäler zu nutzen. Am bekanntesten sind die einzigartigen Arbeiten von Loy Hering (~ 1484–1554), die vornehmlich im Eichstätter Dom zu finden sind, sowie diejenigen von Hans Daucher (1485–1538), der in Augsburg wirkte. Seit dem Mittelalter werden die dünneren Platten auch als Legschiefer beim Dachdecken verwendet. Seit 1828 gibt es die Zwicktaschen, bei denen durch Abzwicken mit einer Zwickzange eine ziegelartige, unten abgerundete Form von Dachplatten entsteht, und die durch ein gebohrtes Loch angenagelt werden, wodurch der Giebel steiler als beim Legschieferdach sein konnte.

Die Lithographie – ohne Solnhofen nicht denkbar

Mit der Erfindung der Lithographie durch den in Prag geborenen Alois Senefelder (1771–1834) im Jahre 1798 nahm die einheimische Steinindustrie einen gewaltigen Aufschwung. Der Steindruck beruht einerseits auf der Feinkörnigkeit des Kalks, andererseits auf der Eigenschaft, Fett oder Wasser aufnehmen zu können, was beim Bemalen mit fetthaltiger Tusche und dann beim Druckvorgang ausgenutzt wird. Der Steindruck, der eine Senkung der Druckkosten ermöglichte, fand auf der ganzen Welt Verbreitung. Große Bedeutung erlangte er für den Landkartendruck, spielte aber auch als neue Ausdrucksmöglichkeit der Künstler eine Rolle. Auch der Farb-Steindruck ist hier zu erwähnen, die Chromo-Lithographie. Kein Stein ist dafür so geeignet, wie das aus Solnhofen kommende Material. Bedeutende Künstler haben die Lithographie zu hohem Rang gebracht, nennen wir nur Schinkel, Schadow, Menzel, Goya, Daumier, oder Hans Thoma, Corinth und Slevogt. Unser Bild links zeigt eine typische Lithographie des 19. Jahrhunderts mit ihren weichen Zwischentönen, die den klassischen graphischen Ausdrucksmöglichkeiten wie Kupferstich und Radierung eine neue Variante zubrachte.

Die Natur als Bildhauer – Die Zwölf Apostel

Imposant ragt zwischen Solnhofen und Eßlingen am dortigen Prallhang der Altmühl eine Felsengruppe auf, die zurecht den klangvollen Namen »Zwölf Apostel« erhielt. Es ist, als ob die Jünger Jesu in ihren lang wallenden, weißen Gewändern regungslos dastehen und der Altmühl zusehen, wie sie als langes blaues Band gemächlich ihren Weg nimmt durch die saftigen Wiesen der weiten, grünen Talaue. Doch wie vollbrachte die Natur diese eindrucksvolle Bildhauerarbeit? Vor etwa 160 Millionen Jahren, zur Zeit des mittleren Weißen Jura (Malm Delta), kam es im damaligen flachen Becken des Jurameeres zu ausgedehntem, mächtigem Wachstum von Schwammriffen, so wie man es heutzutage in der Südsee beobachten kann. Diese Riffe entstanden vor allem durch Kieselschwämme. Mit ihren zarten, nadelartigen Skeletten aus Kieselsäure konnten sie selbst zwar nicht riffbildend sein, doch verkalkten ihre Skelette nach ihrem Absterben durch Kalkschlick, der sich am Meeresboden anhäufte. Ausschlaggebend war, daß sich dann auf den toten Schwämmen Blaugrünalgen festsetzten, die selbst Kalk ausschieden und damit feste Kalkkrusten bildeten. Auf diesen Krusten konnten sich dann neue Schwämme festsetzen, so daß das Riff wachsen konnte. Hier war damals auch der Lebensraum von Seeigeln, Armfüßern, Seesternen, Schlangensternen, Krebsen, Muscheln und Seelilien. Um diese Riffe herum kam es durch ungestörte Ablagerung von Kalkschlamm zur Entstehung regelmäßiger Kalkbänke. Die Riffe jedoch wuchsen schneller in die Höhe als diese Kalkbänke und ragten dadurch kuppelförmig maximal 50–80 m (bei einer Breite von bis zu 500 m) über den Meeresgrund empor. Die spätere, weitere Verflachung des Meeres führte schließlich zum Absterben dieser Riffe, so daß sich zwischen den Riffen dann die Solnhofener Plattenkalke absetzen konnten. Inzwischen war jedoch bei diesen Schwamm-Algen-Riffen durch Eindringen von Magnesiumlösungen eine Dolomitisierung erfolgt, wodurch der Massenkalk (= ungeschichteter Kalk) zu Dolomit (chemisch gesehen: Calcium-Magnesium-Karbonat) wurde, was vor allem im südlichen Teil dieser Felsgruppe der Fall war (Bildvordergrund). Innerhalb dieser bis 100 m mächtigen Riffe kam es in der Folgezeit zu äußerst ungleichmäßigen Verwitterungsvorgängen, je nach Festigkeit des Riffgefüges, so daß in unregelmäßiger Anordnung Kalk- und Dolomitstotzen aus dem Boden ragen. Mit dem Entstehen des Altmühltales durch Flußeintiefung wurden an den Talhängen diese Felspartien dann freigelegt. So hat sich die Natur hier in zweifacher Weise betätigt: Einmal wurde durch Absenkung bei uns ein Meeresbecken geschaffen, in dem durch Riffbildung das Material bereitgestellt wurde; zum andern wirkte die Verwitterung als eine Art Meißel, welcher aus dem Material die Skulpturen der Zwölf Apostel schuf.

Langenaltheim –
pappenheimisch mit ein bißchen Zollernreminiszenz

Im 11. Jahrhundert scheint Langenaltheim greifbar zu werden, wieder mit einer Kirchen-weihe des Bischofs Gundekar, wenn man »Altheim« mit dem heutigen Langenaltheim identifizieren darf. 1434 jedenfalls kam der Ort unter pappenheimische Oberherr-schaft. Damals gab es aber auch eine rechtliche Präsenz der Benediktiner-Propstei Solnhofen mit einer Johanniskapelle, die während der Reformation in den Besitz des Markgrafen von Ansbach überging, womit das ansbachische Hohenzollernhaus recht-lich und politisch auch in Langenaltheim eindringen konnte. Im übrigen teilte der Ort die Freuden und Leiden von Pappenheim und Ansbach in jeder Hinsicht: er wurde 1806 bayerisch.

Die protestantische Pfarrkirche, ehedem dem hl. Willibald gewidmet, bildet bis heute den optischen Schwerpunkt der Dorfanlage. Nach ihrer jüngsten Restaurierung ist sie zu einem Schmuckstück von Langenaltheim geworden.

Die Gotteshäuser von Langenaltheim

Die Geschichte von Langenaltheim spiegelt sich deutlich in seinen beiden Sakralbauten. Die Hauptmasse des Ortes wird von der protestantischen Pfarrkirche beherrscht und markiert gleichzeitig die Landeshoheit der Marschälle von Pappenheim. Dann gibt es aber noch eine winzige Johanniskapelle, schon 1283 erwähnt, die als einstiger solnhofischer Besitz an die Markgrafen von Ansbach kam.

Die einstige Willibaldskirche, heute Pfarrkirche von Langenaltheim, mußte zu Beginn des 17. Jahrhunderts fast vollständig abgetragen werden. 1607/8 erfolgte ein Neubau, der natürlich nach dem Dreißigjährigen Krieg wieder instandgesetzt werden mußte. 1695 wurde die Stuckdecke von Langhaus und Chor geschaffen; die Emporen mußten 1717 erweitert werden. Die Orgel wurde 1756 von Paul Prescher gebaut, einem Angehörigen der bekannten Nördlinger Orgelbauerdynastie.

Auf das Erbauungsjahr 1608 geht die schlicht-naive Kanzel zurück, die in ihren Blendnischen Christus und Evangelisten zeigt. Die tragende Holzsäule entstammt allerdings dem 19. Jahrhundert und ersetzt einen Engel aus dem Jahr 1696.

Die äußerst einfach gehaltene Johanniskapelle zeigt einen, den engen Raumverhältnissen angepaßten, überschlanken Altar, der kaum eine Parallele im Kirchenbau des Fürstentums Ansbach hat. Den zweisäuligen Aufbau des Altars flankieren zwei längsgezogene Adler, politisches Symbol für den Titel Markgraf zu Brandenburg ebenso wie das große Staatswappen nebst Fürstenhut des Markgrafen Carl Wilhelm Friedrich von Brandenberg-Ansbach, der seinen landesherrlichen Anteil noch einmal am Westportal mit Initialen, Titeln und der Jahreszahl 1752 demonstriert. Wie meinte Gottfried Stieber 1761: »Zu dieser Pfarr (Solnhofen) gehöret ... auch die eine Stunde davon in dem Dorf Langen-Altheim befindliche S. Johannis-Capelle, als Filial-Kirchen, welche letztere im Jahr 1753, wegen äusserster Schadhaftigkeit abgebrochen, wieder neu erbauet und eingeweyhet wurde.« Ob dieser Bau, angesichts der nahen protestantischen, jedoch pappenheimischen Kirche, wirklich nötig war, muß offenbleiben. Der Gedanke bewußter politischer Demonstration liegt nahe, gewissermaßen Nachklang jahrhundertealter zollerischer Erwerbspolitik.

Büttelbronn und seine Pfarrkirche

Kubisch-herb bietet sich die Baugruppe der Pfarrkirche von Büttelbronn, einst der hl. Dreifaltigkeit und der jungfräulichen Gottesmutter geweiht. Bis in das 12. Jahrhundert läßt sich »Petterbrunnen« und »Butelbrunnen« zurückverfolgen. Vielleicht weist auch das Untergeschoß der Kirche in diese Zeit. Mittelalterlich ist der reichverzierte spätgotische Taufstein. Pappenheimisch war auch die Geschichte dieses Ortes, der wenig Luxus kannte. Der Turm der Pfarrkirche bewahrt noch immer die Ave-Maria-Glocke des 15. Jahrhunderts aus der nürnbergischen Gießhütte der Familie Glockengießer. Auf dem Grabstein des Pfarrers Georg Raab, gestorben 1715, aus Kalkstein geschaffen, prangt die Arche Noahs als Symbol für Kirche und Taufe, darüber die Taube mit dem Ölbaumblatt, äußeres Zeichen der Hoffnung und des Friedens für den Menschen.